MIRJAM PUPPE | ANKE WIEDEKIND

ÜberLeben

Begleitheft für Kleingruppen

SCM R.Brockhaus

SCM

Stiftung Christliche Medien

Quellenhinweise
Soweit nicht anders angegeben, sind die Bibelverse folgender Ausgabe entnommen:
Neues Leben. Die Bibel, © der deutschen Ausgabe 2002 und 2006
SCM R.Brockhaus im SCM-Verlag GmbH & Co. KG, Witten.
Weiter wurden verwendet:
Lutherbibel, revidierter Text 1984, durchgesehene Ausgabe in neuer Rechtschreibung,
© 1999 Deutsche Bibelgesellschaft, Stuttgart. (LUT)
Hoffnung für alle®, © 1983, 1996, 2002 by Biblica US, Inc., Verwendet mit freundlicher Genehmigung des Verlags. (HFA)

Text von Johannes Hansen
aus „Unendlich geborgen"
© Kawohl Verlag, 46485 Wesel

Dietrich Bonhoeffer, Widerstand und Ergebung
© 1998, Gütersloher Verlagshaus, Gütersloh, in der Verlagsgruppe Random House GmbH

© 2012 SCM R.Brockhaus im SCM-Verlag GmbH & Co. KG
Bodenborn 43 · 58452 Witten
Internet: www.scm-brockhaus.de · E-Mail: info@scm-brockhaus.de

Gesamtgestaltung: Dietmar Reichert, Dormagen
Druck und Bindung: Dimograf
Gedruckt in Polen

Buchhandelsausgabe
ISBN 978-3-417-26513-2
Bestell-Nr. 226.513

Einleitung

ÜberLeben – Kraftquellen für den Glauben im Alltag – schön, dass du dir vorgenommen hast, dieses Thema zu bearbeiten! Zwar haben wir als Christen Gott, die Kraftquelle schlechthin, immer mit uns, dennoch scheint der Weg zu ihm manchmal unendlich weit: Kraftlosigkeit, Burnout und Gefühle von Mattigkeit oder Überforderung gibt es bei Christen nicht weniger häufig als bei Nichtchristen. Und doch könnte es anders sein.

Ein ganz wesentliches Element auf deiner Suche nach Kraftquellen im Alltag können neben der Lektüre von Elke Werners und Klaus-Günter Paches Buch *ÜberLeben* Hauskreise und Kleingruppen[1] sein. Sie sind – das berichten uns Teilnehmende von 40-Tage-Aktionen immer wieder – der Schlüssel, um sich überhaupt auf das Thema einzulassen, durchzuhalten und langfristig dranzubleiben. „Es ist so wertvoll", sagen die Menschen und meinen damit, dass sie durch ihren Hauskreis einen entscheidenden Fortschritt erzielt haben.

Dieses Material soll deine Hauskreis- und Kleingruppentreffen ohne viel Aufwand zu Orten der Inspiration, der Lebensveränderung und der tief gehenden, geistlichen Gemeinschaft werden lassen, sodass die Suche nach Kraftquellen gelingen kann.

Zuerst findest du eine kurze Anleitung zum Gebrauch dieses Heftes. Grundsätzlich gilt: Du darfst mit diesem Hauskreismaterial in aller Freiheit umgehen, getreu dem pau-

---

[1] Hauskreise, Kleingruppen, Minigruppen, Zweierschaften – gemeint sind alle überschaubaren Gemeinschaften, die miteinander unterwegs sind, um Gott zu suchen und Jesus nachzufolgen.

linischen Motto: „Prüfet alles, das Gute behaltet!" (vgl. 1. Thessalonicher 5,21). Vielleicht sagen dir einzelne Übungen zu, vielleicht auch ganze Gestaltungsentwürfe für ein Treffen. Hauskreise und Kleingruppen sind so vielfältig und bunt wie die Menschen, die ihnen angehören. Daher ist es schwer, für jeden Geschmack das Passende bereitzustellen. Dennoch hoffen wir, dich in deiner Hauskreisvorbereitung wirkungsvoll unterstützen zu können und dir hilfreiche Anregungen zu geben. In diesem Zusammenhang haben wir ganz hinten auch ein paar Tipps und Tricks der Hauskreisleitung zusammengestellt. Wir wünschen uns, dass dieses Material allen Nutzern zum Segen wird.

Zum Gebrauch des Hauskreismaterials

Passend zum Thema des Krafttankens haben wir für die Hauskreis-Treffen das Bild der Tankstelle gewählt und die Treffen in drei Abschnitte unterteilt: Ankommen – Auftanken – Weiterfahren:

 ## 1. Ankommen

Die meisten kommen aus ihrem – vielleicht hektischen – Alltag in den Hauskreis. Die erste Phase dient dazu, in das Thema einzusteigen. Dabei helfen Fragen, in denen die Teilnehmenden ihre Alltagserfahrungen in Zusammenhang mit dem Thema des Abends benennen können und die zugleich ermöglichen, eine noch unbekannte Seite des anderen zu entdecken, um die Gemeinschaft zu vertiefen.

Dem persönlichen Ankommen folgt ein geistlicher Einstieg in das Thema mit Rückblick auf die Erfahrungen der vergangenen Woche und Anregungen zum Gebet und Lobpreis. So schön es ist, über Gott zu sprechen, am schönsten ist es, *mit ihm* zu reden. Und so glauben wir, dass Lobpreis und Gebet schon per se eine Kraftquelle darstellen und nicht zu kurz ausfallen sollten.

Eine weitere Möglichkeit – die bei den einzelnen Vorschlägen nicht noch einmal erwähnt wird – ist es natürlich, auf

Fragen der Teilnehmenden zur Lektüre des Andachtsbuches einzugehen oder sich darüber auszutauschen, welcher Gedanke einen in der letzten Woche besonders angesprochen hat.

 ## 2. Auftanken

Das ist der inhaltliche Teil des Treffens. Die gemeinsame Reflexion über die Themen des Buches *ÜberLeben* und der damit verbundene Austausch sollen uns den Kraftquellen näherbringen.

Jede Woche der 40-Tage-Aktion betont dabei einen anderen Aspekt, wie wir Kraft tanken können. Das beginnt mit der Predigt, kann mit dem täglichen Lesen des dazugehörigen Andachtsbuches verstärkt und durch die wöchentlichen Treffen vertieft werden. Predigt und das tägliche Lesen sind keine Voraussetzung, um mit diesem Material zu arbeiten, doch im Dreiklang liegt das größte Potenzial, die Kraftquelle des Lebens für sich zu erschließen.

Während im Buch *ÜberLeben* die Themen in erster Linie entlang der Geschichte von Mose und dem Volk Israel entfaltet werden, haben wir in diesem Material bewusst versucht, eine weitere Perspektive und andere biblische Texte als Grundlage einzubringen. Auf diese Weise wird deutlich, dass sich die einzelnen Themen durch die ganze Bibel ziehen. Gleichzeitig wird den Teilnehmenden der 40-Tages-Aktion ein neuer Blick eröffnet; dadurch, dass das Thema anhand einer anderen biblischen Geschichte bzw. eines anderen biblischen Textes entfaltet wird, kann man es gleichsam wiederholen und vertiefen.

Der längere Text zur Einführung kann auf verschiedene Art und Weise genutzt werden. Er kann beim Treffen selbst gemeinsam (laut) gelesen werden. Auch kann sich der Leiter vorbereiten und den Inhalt in eigenen Worten (und möglicherweise mit eigenen Beispielen) vortragen. Eine dritte Möglichkeit ist es, die Teilnehmenden jeweils zu bitten, den Text bereits zu Hause zu lesen, sodass man direkt in den Austausch einsteigen kann.

Gesprächsanregungen sollen den Hauskreisleiter in der Strukturierung des Austauschs unterstützen. Der Fokus liegt darauf, Kopf- und Herzwissen, Theorie und Praxis, Theologie und Alltag zueinander zu bringen.

 # 3. Weiterfahren

Die am Abend erkannten Kraftquellen sind für alle Teilnehmenden nur dann hilfreich, wenn sie im Alltag ihr Versprechen halten und Kraft geben. Darum ist der vielleicht kürzeste Teil des Abends eigentlich der wichtigste. Er enthält Aufgaben, die helfen, sich die Kraftquellen im Alltag tatsächlich zu erschließen und für sich gewinnbringend einzusetzen.

Unsere Hypothese lautet: Je mehr Zeit du in diesen Teil investierst und im Alltag experimentierst und etwas Neues wagst, desto mehr wird die 40-Tage-Aktion dein Leben nachhaltig verändern und dir dauerhaft Kraft geben.

Dazu gehört, dass zu Beginn jedes neuen Treffens das Besprechen der Wochenaufgabe einen Platz finden sollte. Es ist von unschätzbarem Wert, sich mit anderen Menschen gemeinsam an einer Aufgabe zu versuchen und von ihrer Motivation und ihren (guten wie schlechten) Erfahrungen zu profitieren.

Schließlich sind am Schluss noch die Noten für einige Lieder abgedruckt, die ihr gemeinsam lernen und singen könnt. Sie greifen das Thema „Kraftquellen" auf unterschiedliche Weise auf.

So, los geht's! Wir wünschen wunderbare Hauskreis- und Kleingruppen-Treffen und vor allen Dingen: viel Kraft!

Mirjam Puppe und Anke Wiedekind

Entdecke die Kraft, die in dir steckt

Gott als Tankstelle?

Der Herr ist von Ferne gekommen und sprach zu ihm: »Ich habe dich schon immer geliebt. Deshalb habe ich dir meine Zuneigung so lange bewahrt.«

Jeremia 31,3

 # 1. Ankommen

Für das erste Hauskreis-Treffen, insbesondere wenn es sich um eine neu zusammengesetzte Kleingruppe handelt, empfiehlt es sich, ausreichend Zeit für die Kennenlern-Phase einzuplanen, vielleicht auch bei einem kleinen Essen (siehe auch Tipps und Tricks).

Kennenlernen: Wahr oder falsch?
Ein Spiel, das selbst Hauskreisen, die schon lange zusammen sind, Aha-Erlebnisse verschafft:
Erzähle drei Geschichten aus deinem Leben, von denen zwei falsch und eine wahr sind. Die anderen haben die Aufgabe, die wahre Geschichte herauszufinden.

Anregung zum Gebet/Lobpreis
Singt ein Lied zum Ankommen bei Gott.

Lest miteinander dreimal folgenden Bibeltext, jeweils mit Pausen zwischen den einzelnen Lesungen:
Der Herr ist von Ferne gekommen und sprach zu ihm: »Ich habe dich schon immer geliebt. Deshalb habe ich dir meine Zuneigung so lange bewahrt.«

Jeremia 31,3

Einmal zum Hören und Wahrnehmen.
Einmal mit der Frage: Was berührt mich?
Einmal mit der Frage: Was gibt mir Kraft?

Singt ein weiteres Lied.
Formuliert in einer Gebetsgemeinschaft eure Wünsche und Erwartungen für die kommenden 40 Tage.
Wenn das gemeinsame Gebet noch ungewohnt ist, dann teilt eure Wünsche und Erwartungen in einer kurzen Runde mit und der Leiter betet stellvertretend für die Gruppe.

 # 2. Auftanken

Einführung

In der ersten Woche des Andachtsbuches *ÜberLeben* lesen wir, dass das Volk Israel in Ägypten versklavt wurde. Das Versprechen, das Gott Abraham gegeben hatte, nämlich dass er zu einem großen Volk in einem eigenen Land werden würde, schien nicht erfüllt. Zwar waren die Israeliten mittlerweile viele, aber sie waren geknechtet und unterdrückt. Doch Gott hörte ihr Schreien, heißt es in 2. Mose 2,23-24. Er zog einen Anführer, Mose, heran, dessen wunderbare Bewahrung bei seiner Geburt und außergewöhnliche Kindheit und Jugend am Hof des Pharao zeigen, dass Gott sein Volk nicht vergessen hatte.

Während wir im Andachtsbuch die Geschichte von Mose verfolgen, wollen wir für das heutige Hauskreistreffen eine ähnlich notvolle Situation im Leben des Volkes Gottes in den

Blick nehmen, und zwar Jahrhunderte später, zur Zeit des Exils.

Die Israeliten hatten mit der Zerstörung Jerusalems und der Verschleppung nach Babylon alles verloren: Heimat, die Nähe zu Gott, der nach damaligem Glauben im Tempel von Jerusalem wohnte, Identität und das Gefühl, Auserwählte Gottes zu sein. Die erste Generation trauerte noch heftig und „weinte an den Flüssen Babels", die zweite Generation hatte sich bereits mit der Situation abgefunden. Es ging ihnen ja nicht schlecht. Sie heirateten, trieben Handel, ließen sich nieder und versuchten, das Beste aus der Situation zu machen. Die Hoffnung auf Rückkehr in das Heilige Jerusalem war allerdings auf der Strecke geblieben. Die Israeliten hatten sich eingerichtet in ihrem durchschnittlichen Glück oder Unglück, wie man es nehmen mag, und erwarteten nichts mehr: nicht von Gott, nicht vom Leben und schon gar nicht von einem Propheten.

In diese Situation spricht der Prophet Jeremia die Zusage Gottes für sein Volk: »Ich habe dich schon immer geliebt. Deshalb habe ich dir meine Zuneigung so lange bewahrt.«

Inwiefern könnte Gott die Kraftquelle unseres Lebens sein, wenn wir uns heimatlos, ruhelos, gottlos, identifikationslos oder anderweitig kraftlos fühlen?

Ich weiß nicht, ob du die Erfahrung kennst – es gibt in meinem Leben Tage, an denen die Wellen über mir zusammenzuschlagen scheinen: Termine über Termine, Aufgaben über Aufgaben, wesentlich mehr, als in einen Tag passen. Ich fühle mich überfordert und den Anforderungen nicht gewachsen. Interessanterweise tendiere ich genau an diesen Tagen dazu, mich übereifrig in die Flut der Aufgaben zu stürzen und versuche verbissen, ihnen in irgendeiner Form Herr zu werden.

Gott ist die Kraftquelle, ja, das weiß ich. Aber er scheint mir so fern zu sein. „Was hat die göttliche Kraft mit meinen Aufgaben zu tun?", frage ich mich. Die muss doch ich erledigen.

Wie die Israeliten in Babylon richte ich mich in meinem durchschnittlichen Unglück ein und erwarte nichts: nicht, dass Gott mir hilft, nicht, dass er mir Kraft schenkt, nicht, dass er mich ermutigt.

Unser Glaube ist oft nicht stark genug, um den Widrigkeiten des Alltags zu trotzen. Er wird ertränkt von den vielen Anforderungen, enttäuschten Hoffnungen und Erwartungen. Mein Verdacht ist, dass genau das der Grund für unsere Gefühle von Kraftlosigkeit ist: Wir haben zwar eine Kraftquelle zur Verfügung, aber wir nutzen sie nicht, weil unser Glaube nicht stark genug ist.

Nun ist es zugegebenermaßen nicht einfach, an ein unsichtbares Wesen zu glauben, das einem auf wunderbare Weise Kraft zur Verfügung stellen soll, insbesondere wenn sich auf dem Schreibtisch die Papiertürme stapeln. Darum möchte ich konkretisieren, in welcher Form Gott Kraft zur Verfügung stellt:

1. Es ist interessant zu sehen, wie Gott mit der Situation seines Volkes im Exil umgeht. Er schickt einen Propheten, der die Menschen an seine Verheißungen erinnert. Das ist die erste Kraftquelle, die Gott uns zur Verfügung stellt: die Gemeinschaft der Glaubenden. Die Glaubenden, wer auch immer das konkret sein mag – Freunde, Verwandte, Bekannte –, tragen mich mit ihrem Glauben durch, wenn mein Glaube schwächelt.

   Vielleicht kennst du die Erfahrung: In dem Moment, wo uns andere von ihrem Glauben und ihren Erfahrungen mit Gott erzählen, z. B. dass Gott sie durch ihren Alltag getragen hat, kann sich mein angeknackster Glaube an diesen Glauben andocken und wird selbst wieder lebendig. Möglicherweise in der Form, dass ich nicht mehr auf meine Probleme schaue, sondern auf Gottes Möglichkeiten. Dadurch wachsen in mir Elan und Zuversicht.

2. Eine zweite göttliche Kraftquelle verbirgt sich in der Art, wie die Verheißung Gottes ausgesprochen wird. Von Ferne, sagt Jeremia, sieht er Gott kommen und reden.
   Von Ferne – das trifft genau die Situation. Gott ist mir gerade nicht nahe. Würde er sich mir polternd und lärmend nähern, mich bedrängen, würde ich „dicht" machen. Es ist eine spannende Beobachtung, dass sich Gott als Kraftquelle für unser Leben nie in seiner Macht und Gewalt anbietet, sondern leise, unauffällig, werbend. Ein säuselnder Wind, aus dem heraus die Stimme zu Elia spricht (vgl. 1. Könige 19,10-18). Ein Baby, irgendwo in einem Stall geboren. Das Wahrnehmen von Gottes leiser Stimme lässt uns aufmerken und zwingt uns zur Achtsamkeit und Ruhe, zu einer Haltung also, die unsere Sinne für Gott öffnet und empfänglich macht.

3. Eine dritte und letzte Kraftquelle liegt in der Zusage Gottes selbst: Seine immerwährende Liebe ist die größte Kraftquelle, die man sich vorstellen kann. Wie, das erzählt eine Geschichte aus Afrika:
   Ein afrikanischer Vater hatte eine Tochter, die keine Schönheit war. Schlaksig, dürr und schief stand sie da mit herunterhängenden Schultern. Ihr Gang glich nicht dem einer Antilope, sondern eher dem eines Elefanten. Ihren Augen fehlte der Glanz, und sie ließ den Kopf hängen. „Was bin ich für ein geplagter Vater! Die Tochter nimmt

mir niemand ab. Die bringt als Brautpreis höchstens eine Kuh. Andere können für ihre Tochter drei oder vier Kühe verlangen." Doch ausgerechnet für seine Tochter interessiert sich eines Tages ein junger Mann. „Na, da verlang' ich drei Kühe, ich kann dann immer noch auf eine runtergehen", denkt er bei sich.

Der junge Mann erscheint, die Familie ist versammelt. Der Vater traut seinen Ohren nicht, als der junge Mann erklärt: „Ich biete dir für deine Tochter acht Kühe." Schnell, schnell setzt der Vater den Vertrag auf. Die Hochzeit wird gefeiert, die junge Frau zieht mit ihrem Mann in dessen Dorf.

Wenige Monate später bekommt das junge Paar in dem entfernten Dorf Besuch. „Sag mal", sagen die Besucher zu dem Ehemann, „warum hast du dich von deinem Schwiegervater so übers Ohr hauen lassen? Du bist doch sonst nicht so dumm, was Geschäfte angeht."

Da geht die Tür auf, eine junge Frau erscheint und bringt etwas zu trinken. Die Besucher sehen ihr mit großen Augen nach.

„Ja, das ist meine Sarita", sagt der Ehemann, „acht Kühe wert."

„Aber die ist ja so anders, so schön, gar nicht so …"

„Ja, vielleicht wäre sie noch hässlich, wenn sie mir nur eine Kuh wert gewesen wäre. Sie hätte ja ewig den Spott und das Gelächter der anderen Frauen am Hals gehabt. Aber seit sie weiß, was sie mir wert ist, hat sie sich verändert. Sie ist schön, seht selbst: schöner als alle. Denn ich habe für sie einen Liebhaberpreis bezahlt."

Liebe macht wertvoll. Liebe schaut alles ganz anders an. Auch Gott hat einen Liebhaberpreis für uns bezahlt. Das macht unser Leben wertvoll und reich.

Austausch

- Wie erlebe ich Gott als Kraftquelle? Durch andere Christen? Durch sein Reden zu mir? Durch …?
- Was ändert sich in meinem Leben, wenn ich weiß, dass ich geliebt bin und dies im Leben als Basis nutze?
- Wer bin ich und wo komme ich her? Wer hat für mich geglaubt? Wer hat an mich geglaubt? Wie kann mir das zur Kraftquelle werden?

 # 3. Weiterfahren

Gott als Kraftquelle entdecken

Dankbarkeit und Achtsamkeit sind die wichtigsten Schlüssel, um den Zugang zu der Kraft, die Gott schenkt, zu eröffnen. Nimm dir daher in der nächsten Woche Zeit, um wahrzunehmen, wann, wie und in welcher Situation Gott Kraft schenkt. Notiere dir deine Erfahrungen!

Verheißungen der Kraft in den Alltag mitnehmen

Die Bibel spricht sehr oft davon, dass Gott die Kraftquelle schlechthin ist. Die folgenden Bibelverse sind eine Auswahl von Stellen, in denen Gott sich als Kraftquelle für unser Leben anbietet. Suche dir eine Bibelstelle aus, die dich besonders berührt, und versuche, in Zeiten der Kraftlosigkeit immer wieder an die Verheißung zu denken.

Jesus erwiderte: Ich bin das Brot des Lebens. Wer zu mir kommt, wird nie wieder hungern. Wer an mich glaubt, wird nie wieder Durst haben.

Johannes 6,35

Wer an mich glaubt, aus dessen Inneren werden Ströme lebendigen Wassers fließen, wie es in der Schrift heißt.

Johannes 7,38

Er gibt den Erschöpften neue Kraft; er gibt den Kraftlosen reichlich Stärke. Es mag sein, dass selbst junge Leute matt und müde werden und junge Männer völlig zusammenbrechen, doch die, die auf den Herrn warten, gewinnen neue Kraft. Sie schwingen sich nach oben wie die Adler. Sie laufen schnell, ohne zu ermüden. Sie werden gehen und werden nicht matt.

Jesaja 40,29-31

Der Herr ist mein Hirte, ich habe alles, was ich brauche. Er lässt mich in grünen Tälern ausruhen, er führt mich zum frischen Wasser.

Psalm 23,1-2

Ich selbst werde euch trösten, wie eine Mutter ihr Kind tröstet.

Jesaja 66,13

Ich bin der Weg, die Wahrheit und das Leben. Niemand kommt zum Vater außer durch mich.

Johannes 14,6

Abschluss

Gott kann mit Menschen Großes bewirken, wenn sie sich in besonderer Weise an die Kraft, die Gott schenkt, andocken.

19

Martin Luther zählt zu diesen Persönlichkeiten. Er hinterlässt uns nicht nur eine faszinierende Theologie, sondern auch viele kluge Tipps zur Gestaltung der eigenen Spiritualität im Alltag. Nach seinem Rat wollen wir daher den Abend beenden.

„Des Abends, wenn du zu Bett gehst, sollst du dich segnen mit dem Zeichen des heiligen Kreuzes und sagen:
Das walte Gott Vater, Sohn und Heiliger Geist! Amen.

Darauf kniend oder stehend das Glaubensbekenntnis und das Vaterunser:
Vater unser im Himmel. Geheiligt werde dein Name. Dein Reich komme. Dein Wille geschehe, wie im Himmel, so auf Erden. Unser tägliches Brot gib uns heute. Und vergib uns unsere Schuld, wie auch wir vergeben unsern Schuldigern. Und führe uns nicht in Versuchung, sondern erlöse uns von dem Bösen. Denn dein ist das Reich und die Kraft und die Herrlichkeit in Ewigkeit. Amen.

Willst du, so kannst du dies Gebet dazu sprechen:
Ich danke dir, mein himmlischer Vater, durch Jesus Christus, deinen lieben Sohn, dass du mich diesen Tag gnädiglich behütet hast, und bitte dich, du wollest mir vergeben alle meine Sünde, wo ich Unrecht getan habe, und mich diese Nacht auch gnädiglich behüten. Denn ich befehle mich, meinen Leib und Seele und alles in deine Hände. Dein heiliger Engel sei mit mir, dass der böse Feind keine Macht an mir finde. Amen.

Alsdann flugs und fröhlich geschlafen."

Liedvorschlag
„Er hat auf dich gewartet" (siehe S. 73)

2. Woche | MIRJAM PUPPE

Entdecke die wahre Quelle der Kraft

Welchen „Sprit" brauche ich?

Meine Gnade ist alles, was du brauchst. Meine Kraft zeigt sich in deiner Schwäche.

2. Korinther 12,9

 # 1. Ankommen

Rückblick auf die Erfahrungen der letzten Woche
- Wie hast du in der vergangenen Woche Gott als Kraftquelle erlebt?
- In welches Bild lassen sich deine Erfahrungen fassen: Gott als Fels, als Boot, als unnahbare Macht und doch irgendwie da, als Wegweiser, als Beschützer, als Tröster, als Arzt, als Hirte, als …?

Anregung zum Gebet/Lobpreis
Dankt Gott in einer Gebetsgemeinschaft für das, was er für euch in der letzten Woche war, und bittet darum, dass er euch heute, hier und jetzt so begegnet, dass ihr ihn erkennen könnt.

Einstieg: „Das schaff' ich nicht!" – „Doch!"
Hast du schon einmal überraschend Kraft bekommen – plötzlich und unerwartet?
Schildert einander Situationen, in denen ihr dachtet: „Das schaffe ich nicht!", aber es dann doch geschafft habt. Was hat euch geholfen?

 # 2. Auftanken

Einführung

In der zweiten Woche lesen wir im Andachtsbuch, wie Mose zunächst aus eigener Kraft handelte und seinem Volk zu seinem Recht verhelfen wollte, indem er einen Ägypter erschlug. Er musste daraufhin vor dem Pharao fliehen und verbrachte 40 Jahre in der Wüste – ein harter Alltag! Doch trotz seines falschen und sündhaften Verhaltens hatte Gott noch etwas mit ihm vor: Er offenbarte sich ihm im brennenden Dornbusch und berief ihn dazu, sein Volk aus Ägypten zu führen – diesmal ausgerüstet mit der Kraft Gottes.

Eine ähnliche Lebenswende vom Mörder zum geistlichen Leiter finden wir bei einer anderen Person, und zwar im Neuen Testament. Paulus war ein gebildeter Jude und hatte als gesetzestreuer Pharisäer die ersten Anhänger Jesu verfolgt und hinrichten lassen. Nach seiner Bekehrung wurde er jedoch zum Verkündiger des Evangeliums, vor allem in der nichtjüdischen Welt, und gründete einige Gemeinden. Um den Kontakt zu halten und den Gemeinden Wegweisung zu geben, schrieb er Briefe, u.a. an die Korinther. Woher er seine Kraft bekam, berichtete er beispielsweise in 2. Korinther 12,6-10:

Ich hätte viele Gründe, stolz zu sein, und es wäre absolut kein Unsinn, sondern die reine Wahrheit. Doch das tue ich nicht. Ich will, dass niemand besser von mir denkt, als es meinem Leben und meiner Verkündigung entspricht, obwohl ich wunderbare Offenbarungen von Gott empfangen habe. Doch damit ich nicht überheblich werde, wurde mir ein Dorn ins Fleisch gegeben, ein Bote des Satans, der mich quält und mich daran hindert, überheblich zu werden.

Dreimal habe ich zum Herrn gebetet, dass er mich davon befreie. Jedes Mal sagte er: »Meine Gnade ist alles, was du brauchst. Meine Kraft zeigt sich in deiner Schwäche.« Und nun bin ich zufrieden mit meiner Schwäche, damit die Kraft von Christus durch mich wirken kann.

Da ich weiß, dass es für Christus geschieht, bin ich mit meinen Schwächen, Entbehrungen, Schwierigkeiten, Verfolgungen und Beschimpfungen versöhnt. Denn wenn ich schwach bin, bin ich stark.

Was Paulus als Apostel, also als Gesandter Gottes, um seines Glaubens willen erleiden musste, berichtet er im 2. Korintherbrief, Kapitel 11, ab Vers 23 ausführlich: Er wurde gefangen, geschlagen und war öfter in Todesnöten als alle anderen. Einmal wurde er gesteinigt, dreimal wurde er mit Stöcken geschlagen, dreimal erlitt er Schiffbruch und trieb dann eine Nacht und einen Tag auf dem Meer. Er wusste, was es bedeutet, kraftlos zu sein – aufgrund von Hunger, Durst, Kälte und auch Verleumdung und Sorge um das Wohlergehen der neuen Gemeinden. *Wer ist schwach, dass ich seine Schwäche nicht tief mitempfinde? (Vers 29a).*

Er wurde fünfmal vor die Synagoge geschleppt und der Irrlehre angeklagt. Als Strafe bekam er 39 Geißelhiebe. Von den Geschichtsschreibern wissen wir, dass viele an diesen Hieben gestorben und manche auch wahnsinnig geworden sind. Die körperlichen Schmerzen waren fast unerträglich, dazu kam die Demütigung, weil Paulus ausgerechnet von seinen ehemaligen Kollegen so behandelt wurde. Das hat er fünfmal erlebt. Wie hält man das aus? Will man da noch weiterleben, weitermachen? Was gab ihm die Kraft dazu?

In Kapitel 12 beschreibt er ein Jahre zurückliegendes übernatürliches Ereignis, bei dem er ins Paradies versetzt wurde. Dabei hat er Gottes Kraft auf wunderbare Weise erfahren. Paulus weiß, wie schnell wir Menschen stolz auf unsere eigenen Kräfte sind, wenn wir eine ausweglos scheinende Situation doch noch überstanden haben oder wenn ausgerechnet wir von übernatürlichen Begebenheiten berichten können. Er macht deutlich, dass allein Gott die entscheidende Kraftquelle ist und souverän handelt. So hat Gott zugelassen, dass er von einem „Pfahl im Fleisch" gequält wird, den er nicht näher beschreibt und über den wir nur Vermutungen anstellen können.

Zum einen hatte er wahrscheinlich mit erheblichen körperlichen Beeinträchtigungen durch die Folter zu kämpfen. Vermutlich litt er an chronischen Erkrankungen und sicher auch an den Folgen der persönlichen Angriffe und Demütigungen. Zum anderen hatte Paulus eine starke Persönlichkeit und möglicherweise auch ein Charakterproblem, welches zu einer Entzweiung mit wichtigen Mitarbeitern führte. Im Brief an die Römer, Kapitel 7 beschreibt er seine Schwäche: *Wenn ich Gutes tun will, tue ich es nicht. Und wenn ich versuche, das Böse zu vermeiden, tue ich es doch.* Und dann ruft er in seiner ganzen Verzweiflung: *Was bin ich doch für ein elender Mensch! Wer wird mich von diesem Leben befreien, das von der Sünde beherrscht wird?* Wir hören hier deutlich heraus, wie verzweifelt Paulus über sich selbst war – total enttäuscht von sich und seinen Schwächen.

Wir alle kennen diese Enttäuschung über uns selbst, über die Umstände und auch über Gott. Wie oft haben wir schon gebetet: „Herr, wenn du doch dieses eine Charakterproblem wegnehmen könntest, dann wäre ich ein viel besserer Bote deiner Liebe"? Oder: „Wenn ich damit nicht mehr zu kämpfen hätte, wenn der andere sich doch endlich ändern würde, wenn Gott endlich reden würde, dann ..."

Gott reagiert heute genauso wie damals auf Paulus' dreimaliges Flehen (und zu Mose hat er Ähnliches gesagt, weil er nicht gut reden konnte): „Lass dir an meiner Gnade genügen, denn meine Kraft ist in den Schwachen mächtig! Ich werde diese Charakterschwäche nicht wegnehmen. Ich werde die Situation nicht einfach ändern. Jetzt ist nicht der richtige Zeitpunkt für eine Antwort. Ich möchte vielmehr, dass du zu mir kommst und es nicht mehr aus dir selbst heraus versuchst. Deine Schwäche ist nicht mein Problem, aber wenn du stolz wirst, muss ich dich korrigieren. Deine Schwierigkeiten sind ein Leichtes für mich, wenn du mich da ranlässt. In deiner Schwachheit kannst du neu meine Gnade empfangen" (vgl. auch Hebräer 4,14-16).

Gnade ist ein unverdientes Geschenk. Wir können nichts dafür tun: *Weil Gott so gnädig ist, hat er euch durch den Glauben gerettet. Und das ist nicht euer eigenes Verdienst; es ist ein Geschenk Gottes* (Epheser 2,8).

Was auch immer dieser „Pfahl im Fleisch" war, was auch immer uns belastet, behindert, quält und bremst – wir leiden darunter und sind doch mit Christus verbunden.

Auch ich kenne solche Situationen. Nein, ich wurde nicht gesteinigt, aber Verleumdung kenne ich. Menschen packen mich in eine Schublade und persönliche Begegnungen scheinen unmöglich. Da kann *ich* nichts mehr machen – aber Gott kann! Ich spüre dann, dass irgendetwas den anderen bewegt, doch wieder auf mich zuzugehen.

Eine Freundin steckt in einer Situation, in der ich ihr nicht helfen kann. Ich bin mit meinem Latein am Ende. Wenn ich sie treffe, bin ich ratlos und weiß nicht, was ich noch sagen soll. Ich scheue sogar den Kontakt, weil ich mich so schwach und hilflos fühle. Einem inneren Impuls folgend rufe ich sie dennoch an. Für sie wird dieser Anruf zu einem Fingerzeig Gottes: Ich sehe dich, ich kümmere mich um dich, du bist nicht allein.

Gemeinsam harren wir aus und warten, bis Gott eingreift. Die Kraft meiner Freundin reicht wieder für diesen Tag. Ich konnte ihr nichts geben, aber Gott kann. Gerade weil ich schwach war, weil ich nichts zu sagen hatte, wurde deutlich, dass Gott die Kraft zum Überleben und Weitermachen gibt, an jedem Tag neu und völlig unverdient. Gott hat meine Freundin gestärkt und mir zugleich Mut gemacht, mich trotz meiner Hilflosigkeit von ihm gebrauchen zu lassen. Das ist stark!

Austausch

- Paulus ist kein Superheld, dem alles gelingt. Gott gibt ihm Kraft, aber nimmt ihm seine Schwäche nicht.
- Was löst dieser Bibeltext und die Lebensgeschichte des Paulus bei mir aus?
- Wo merke ich, dass meine Kraft begrenzt ist? Wie reagiere ich dann? Versuche ich es aus eigener Kraft oder lasse ich meine Unmöglichkeiten zu Gottes Möglichkeiten werden?
- Wenn ich über meine Schwächen nachdenke – welches Bild habe ich von mir selbst?
- Kann ich mich meiner Schwäche rühmen?
- Welchen Einfluss hat das auf meine Beziehung zu Gott?

 # 3. Weiterfahren

Ein Brief an Gott

Lasst euch nach dem Austausch ausreichend Zeit, sodass jeder einen Brief an Gott schreiben kann:

- Danke Gott für Situationen, in denen du seine Kraft und Stärke geschenkt bekommen hast. Danke für eine Schwäche, mit der du dich ein Stück weit versöhnen konntest, eine Schwäche, von der du ahnst oder merkst, dass sie dich nahe zu Gott zieht.
- Benenne dann auch eine für dich noch immer schwierige Situation, in der du dich schwach fühlst, wo du nicht weiterzukommen scheinst – eine Charakterschwäche, schwierige Umstände, gestörte Beziehungen …
- Bitte Gott um den Heiligen Geist, der dich tröstet und stärkt.

Trage deinen Brief in der kommenden Woche bei dir. Bitte Gott um Stärke in deinen Schwächen.

Wer mag, kann den Brief so verwahren, dass er ihn in ein paar Wochen wieder hervorholen kann, um zu schauen, in welcher Weise Gott gehandelt hat.

Abschluss

Dietrich Bonhoeffer wurde von den Nationalsozialisten 1945, kurz vor Ende des Zweiten Weltkrieges, im Konzentrationslager ermordet. Er schrieb 1943, zehn Jahre nach Hitlers Machtergreifung, ein persönliches Glaubensbekenntnis, das wir zu unserem eigenen machen können:

Ich glaube,
> *dass Gott aus allem, auch aus dem Bösesten, Gutes
> entstehen lassen kann und will.
> Dafür braucht er Menschen, die in all ihren
> Erfahrungen Gottes Kraft spüren.*

Ich glaube,
> *dass Gott uns in jeder Notlage so viel
> Widerstandskraft geben will, wie wir brauchen.
> Aber er gibt sie nicht im Voraus, damit wir uns nicht
> nur auf uns verlassen, sondern auch auf Gottes Kraft
> verlassen.
> In solchem Glauben müsste alle Angst vor der
> Zukunft überwunden sein.*

Ich glaube,
> *dass auch unsere Fehler und Irrtümer nicht vergeblich
> sind, und dass es Gott nicht schwerer ist, mit ihnen
> fertig zu werden, als mit unseren vermeintlichen
> Guttaten.*

Ich glaube,
> *dass Gott kein zeitloses Faktum ist, sondern dass er
> auf aufrichtige Gebete und verantwortliche Taten
> wartet und antwortet.*

Dietrich Bonhoeffer[1]

Liedvorschlag
„Du bist treu" (siehe S. 74)

---

1   © Gütersloher Verlagshaus, Gütersloh, in der Verlagsgruppe Random House GmbH

3. Woche | ANKE WIEDEKIND

Entdecke die Kraft in Bedrängnis

Meine Tankfüllung: Wie weit komme ich?

Denk doch an mein Leid und an meine Verlassenheit, an die Bitterkeit und an das Gift! Immer wieder erinnert sich meine Seele daran und ist niedergeschlagen. Dennoch will ich mir dies zu Herzen nehmen, das will ich hoffen: Die Gnade des Herrn nimmt kein Ende! Sein Erbarmen hört nie auf, jeden Morgen ist es neu. Groß ist seine Treue. Meine Seele spricht: »Der Herr ist mein Anteil, auf ihn will ich hoffen.« Der Herr ist gut zu denen, die auf ihn warten und ihn suchen. Deshalb ist es gut, still zu werden und auf die Befreiung durch den Herrn zu warten. Und es ist gut, sich schon als junger Mensch dem Joch seiner Disziplin unterzuordnen.

Klagelieder 3,19-27

 1. Ankommen

Einstieg – Umgang mit schwierigen Situationen
Versuche, den Satz zu vollenden: „Wenn es mir schlecht geht, dann …"

„Schlecht gehen" kann dabei stehen für einen emotionalen Durchhänger, aber auch für Schicksalsschläge wie eine Krankheit, den Tod eines nahestehenden Menschen, Zweifel, schwierige Situationen am Arbeitsplatz, in der Familie, in der Gemeinde oder Schuld.

Rückblick auf die Erfahrungen der letzten Woche
Wie hat sich dein Blick auf Schwäche, wie hat sich dein Blick auf Gott verändert? Tauscht euch darüber aus.

Anregung zum Gebet/Lobpreis
Dankt Gott für das, was er für euch in der letzten Woche war, und bittet darum, dass er euch heute, hier und jetzt so begegnet, dass ihr ihn erkennen könnt.

 # 2. Auftanken

Einführung
In dieser Woche geht es darum, wie wir Gottes Kraft gerade und vor allem in schwierigen Zeiten entdecken können. Endlich hatte sich Mose von Gott überzeugen lassen – er ging zusammen mit Aaron zum Pharao und forderte die Freilassung seines Volkes. Doch noch lag ein langer Weg vor den Israeliten: Zunächst verschlechterten sich ihre Arbeitsbedingungen. Dann mussten sie die sicherlich spannungsvolle Zeit der Plagen abwarten. Und als sie schließlich endlich ziehen durften, war vor ihren Augen weit und breit nur Wüste – eine trockene, lebensfeindliche Umgebung, die ihnen nicht erstrebenswert erschien. Von einem Happy End konnte – zumindest aus ihrer Sicht – noch keine Rede sein.

Die Chance der leeren Hände
Auch der Verfasser der Klagelieder – keiner weiß, wer er genau war – war verzweifelt, als er seine Gefühle niederschrieb. Er war sicherlich niemand, der „gerade mal" nicht gut drauf war und sich durch diesen Text gleich wieder besser fühlte. Es war eher ein Mensch, der am Ende seiner Möglichkeiten angelangt war und sich noch dazu von Gott verlassen fühlte. An anderer Stelle in diesem Kapitel heißt es: *Und wenn ich*

auch schreie und rufe, so stopft [Gott] sich die Ohren zu vor meinem Gebet. Meine Seele ist aus dem Frieden vertrieben; ich habe das Gute vergessen (Klagelieder 3,8; LUT).

So betet ein Mensch, der nichts mehr in den Händen hält, nicht mal mehr die Sicherheit, dass Gott helfend und rettend eingreift.

Meine Hypothese ist: In *dieser* Lage setzt Gottes Trost ein, indem er ein „Trotzdem" dagegensetzt.

Gottes „Trotzdem" schafft Neues

Gott, so heißt es, erweist seine Gnade jeden Morgen neu: *Die Gnade des Herrn nimmt kein Ende! Sein Erbarmen hört nie auf, jeden Morgen ist es neu. Groß ist seine Treue* (Klagelieder 3,22-23).

Sieht man genauer in den Grundtext, dann steht dort: „*Gottes Barmherzigkeiten haben kein Ende.*" Der Beter spricht also nicht von der Gnade oder der Güte, sondern von vielen Wohltätigkeiten Gottes, die kein Ende haben.

Das entspricht einem Wesenszug Gottes, der als schöpferischer Gott sein Werk stets kritisch betrachtet und um Verbesserung ringt: Er trotzt dem Üblichen unserer Welt. Er will sich nicht mit dem Bösen, dem Verlorenen, dem noch nicht so Guten abfinden. Einige Beispiele dazu aus dem Alten Testament:

Gott schafft die Welt und verteilt allem Geschaffenen gegenüber Schulnoten. Gut, gut, gut, gut – und dann kommt's: nicht gut! Alles ist gut, nur die Tatsache, dass der Mann allein ist, verdient dieses Prädikat nicht. Und so schafft er eine Frau und kommt zu dem Schluss, dass jetzt seine Schöpfung „sehr gut" ist.

Dann ermordet Kain Abel, aber Gott malt ihm ein Zeichen auf die Stirn – damit er trotz allem nicht umgebracht wird.

Gott trotzt der Rachelogik und den damals üblichen, aber unheilvollen Sitten.

Wenig später dringt das Geräusch der Arbeit am Turm zu Babel an Gottes Ohren. Und er hört immer nur „höher, schneller, weiter, höher, schneller, weiter, höher, schneller, weiter ...“ „Trotzig“ verändert er die Sprache, weil das gottlose Miteinander der Menschen in Babel schlimmer ist, als wenn sie sich nicht mehr verstehen.

Und viel später Mose: Der wird von Gott berufen und gebraucht, trotz allem, was er sich hat zuschulden kommen lassen.

Gott handelt, um die Welt zu verändern, um seine Schöpfung zu vollenden. Sein „Trotzdem“ gegenüber den Widrigkeiten, die seiner guten Schöpfung widerfahren, besteht aus Barmherzigkeiten, die nicht auf eine bestimmte Epoche beschränkt sind, sondern sich wieder und wieder ereignen.

Gottes „Trotzdem“ auch für mich?

Es ist möglicherweise ein beunruhigender Gedanke, dass Gott mit seinem schöpferischen „Trotzdem“ in die Welt eingreift und immer wieder Neues schafft. Das Neue ist ja auch das Fremde. Und das Alte ist das Vertraute, Bekannte. Man weiß, was man hat und was man nicht hat. Und dieser Gedanke vermittelt mehr Sicherheit, als sich auf Gottes Gunst mit unbekanntem Ausgang zu verlassen. Vielleicht ist das der Grund, warum wir Menschen oft erst anfangen, mit Gottes Möglichkeiten zu rechnen und uns auf seine Kraft zu verlassen, wenn gar nichts mehr geht? Oder uns beschweren, wenn das Neue zunächst keinen so schönen Anschein hat, wie die Israeliten nach dem Auszug aus Ägypten?

Was heißt das, wenn Gottes „Trotzdem“ auch für mich gilt? Dass er über alles Unheilvolle, Unzufriedenstellende,

Unbefriedigende in meinem Leben hinausdenkt und Verbesserungen herbeiführen will und dass seine Möglichkeiten beginnen, wenn meine Möglichkeiten enden.

Gottes „Trotzdem" fordert mein „Trotzdem" heraus

Gott lädt uns zu einem Glauben ein, der sich den Widrigkeiten des eigenen Lebens entgegenstellt. Die Widrigkeiten beginnen damit, dass die eigene Kraft nicht reicht, um ihrer Herr zu werden. Es ist ein „Trotzdem"-Glaube: Trotz Leid, trotz Kraftlosigkeit, trotz Mühsal des Lebens glaube ich, dass Gott sich mit seinen Wohltaten jeden Tag aufs Neue zeigt.

Sehen wir noch einmal auf die Verse aus den Klageliedern: *Der Herr ist gut zu denen, die auf ihn warten und ihn suchen. Deshalb ist es gut, still zu werden und auf die Befreiung durch den Herrn zu warten. Und es ist gut, sich schon als junger Mensch dem Joch seiner Disziplin unterzuordnen.*

Der Beter bemerkt sehr richtig, dass der Glaube sich nicht von jetzt auf gleich entwickelt. Er muss „als junger Mensch" eingeübt werden, d.h. frühzeitig. Am besten in guten Zeiten, in denen es leichtfällt, über vorhandene Grenzen hinwegzudenken und Gott etwas zuzutrauen. Es braucht eine gewisse Disziplin, immer nach Gott Ausschau zu halten und auf ihn zu warten, aber sie lohnt sich, denn durch sie wächst das Vertrauen, dass Gottes Kraft mich trägt.

Austausch

- Welche Barmherzigkeiten Gottes habe ich schon erlebt?
- Worin könnten sich Gottes Wohltaten zeigen?
- Was könnte mir helfen, in Situationen, in denen es mir schlecht geht, mit Gott zu rechnen?
- Der Herr ist gut zu denen, die auf ihn warten und ihn suchen.

- Wie sieht das Warten auf Gott konkret aus?
- Habe ich schon erlebt, dass mein „Trotzdem"-Glaube gewachsen ist?

 ## 3. Weiterfahren

Kraft durch Gottes Wort

Durch schwere Zeiten tragen die Glaubensüberzeugungen, die man in guten Zeiten verinnerlicht hat. Ein Weg, den Glauben zu verinnerlichen, ist das Auswendiglernen von biblischen Texten und Liedern. Nicht umsonst heißt das englische Wort für Auswendiglernen „to learn by heart", mit dem Herzen lernen.

Die Übung der kommenden Woche besteht darin, fünf Verse aus Psalm 27 auswendig zu lernen, die Generationen von Menschen in Bedrängnis Trost und Kraft gegeben haben. Wer will, darf gerne auch den gesamten Psalm lernen.

Sag diese Verse jeden Tag mindestens fünfmal auf, sodass sie die Chance haben, dein Innerstes zu erreichen.

1 Der Herr ist mein Licht und mein Heil – vor wem sollte ich mich fürchten? Der Herr beschützt mich vor Gefahr – vor wem sollte ich erschrecken?

2 Wenn böse Menschen kommen, um mich zu vernichten, wenn meine Feinde und Verfolger mich angreifen, dann werden sie stolpern und stürzen.

3 Ein mächtiges Heer umzingelt mich, dennoch fürchte ich mich nicht. Auch wenn sie mich angreifen, bleibe ich voller Zuversicht.

4 Eine einzige Bitte habe ich an den Herrn. Ich sehne mich danach, solange ich lebe, im Haus des Herrn zu sein, um seine Freundlichkeit zu sehen und in seinem Tempel still zu werden.

5 Denn er wird mich aufnehmen, wenn schlechte Zeiten kommen, und mir in seinem Heiligtum Schutz geben. Er wird mich auf einen hohen Berg stellen, wo mich niemand erreichen kann.

Abschluss

Zum Abschluss betet folgendes Gebet:

Am Ende dieses langen Tages lege ich ab Bücher, Briefe, Akten, Schlüssel, Schuhe, Kleider und die Uhr.

Am Ende dieses langen Tages lege ich auf dich Ängste, Sorgen, Mühen, Lust, Trauer, Sehnsucht und meine Schuld.

Am Ende dieses langen Tages lege ich mich ganz und gar, still und geborgen, mein guter Gott, in deinen Schutz und Frieden.

Johannes Hansen[2]

Liedvorschlag

„In der Wüste" (siehe S. 76)

---

2   Spurensuche, hrsg. von Mitgliedern aller Polizeiseelsorgebeiräte in Rheinland Pfalz, 2000, S. 42.

Entdecke die Kraft des Vertrauens

Du wirst es schaffen, vielleicht mit letzter Kraft, aber du wirst es schaffen!

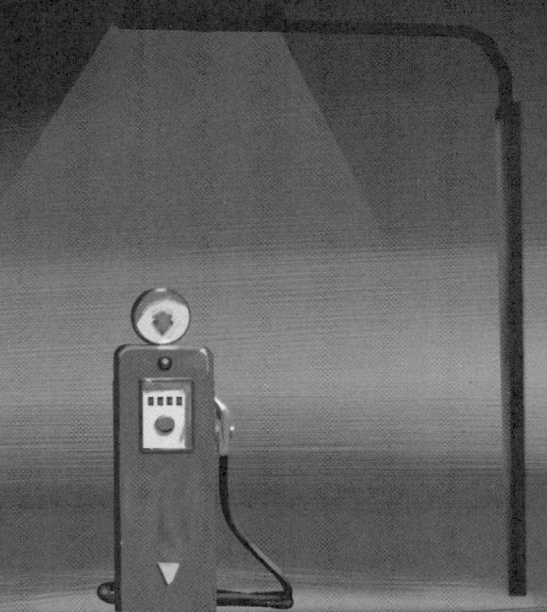

Vertraue auf den Herrn! Sei mutig und tapfer und hoffe geduldig auf den Herrn!

Psalm 27,14

 # 1. Ankommen

Einstieg: Vertrauen wagen

Der Leiter hat vorher kleine Alltagsgegenstände (z. B. Tesafilm-Abroller, Kuchengabel, Feuerzeug etc.) in einen Sack (Beutel, Tüte, unter eine Decke) gepackt. Es sollten *mehr* Gegenstände sein, als Personen anwesend sind. Nun nimmt sich jeder mit geschlossenen Augen einen Gegenstand und ertastet ihn. Welche Empfindungen löst das aus?

Alternative: Wenn ihr Platz habt, kann einer den anderen mit geschlossenen Augen durch den Raum, den Garten führen. Wie fühlten sich die Beteiligten – der Geführte und der Führende? Was haben die Zuschauer ggf. beobachtet?

Rückblick auf die Erfahrungen der letzten Woche

Gott möchte uns vor Gefahren beschützen, uns unsere Furcht nehmen und uns seine Freundlichkeit zeigen. Was hast du in der letzten Woche mit Psalm 27 erlebt?

Anregung zum Gebet/Lobpreis

Lest noch einmal gemeinsam Psalm 27 und macht ihn zu eurem Gebet. Ladet Gott ein, in dem ihr ihm sagt, dass ihr ihm vertrauen möchtet.

 # 2. Auftanken

Einführung

In dieser Woche lesen wir, wie das Volk Gottes weiter durch die Wüste marschiert. Obwohl sie ein Wunder nach dem anderen erleben, fallen sie doch immer wieder in ihr Murren und ihre Unzufriedenheit zurück. Als Leser schüttelt man da manchmal voller Unverständnis den Kopf: Habt ihr's nicht endlich kapiert? Gott ist doch mit euch, ihr erlebt gerade das Abenteuer eures Lebens!

Gleichzeitig muss man sich ehrlich hinterfragen, wie man wohl selbst reagiert hätte – und im heutigen Alltag oft reagiert. Auch jeder von uns hat schon kleine und große Wunder Gottes erlebt – und trotzdem zweifeln wir immer wieder, machen Gott Vorwürfe, wenn es nicht so gut läuft. Was steckt dahinter? Mangelndes Vertrauen. So wie das Volk Gottes immer wieder ganz schnell vergaß, wer seine Lebensgrundlage und seine Kraft war, so geht es auch uns allzu oft.

Vertrauen ist auch das Thema des sechsten Kapitels des Hebräerbriefes. In Christus wurde Gott Mensch. Er kam, um uns von unserer Schuld zu befreien und den Weg zum Vater frei zu machen. Die Verse 13-20 fordern uns dazu auf, diesem Jesus ganz zu vertrauen, weil Gott alle seine Zusagen treu erfüllt.

Lest gemeinsam Hebräer 10,35-36.

Werft dieses Vertrauen auf den Herrn nicht weg, was immer auch geschieht, sondern denkt an die große Belohnung, die damit verbunden ist! Was ihr jetzt braucht, ist Geduld, damit ihr weiterhin nach Gottes Willen handelt. Dann werdet ihr alles empfangen, was er versprochen hat.

Wer den Brief an die Hebräer geschrieben hat, ist nicht ganz klar. Er wurde zu einer Zeit verfasst, in der die Christen verfolgt wurden und die Menschen zu zweifeln begannen, ob Jesus wirklich der Messias ist. Der Autor macht daher deutlich, dass Jesus Christus alles ist, was wir brauchen, dass auf ihn Verlass ist und er dem Bösen überlegen ist. Das Problem dabei ist: Mit dem Verstand wissen wir das, doch unser Gefühl kommt nicht immer mit. Denn es ist so eine Sache mit dem Vertrauen: Vertrauen braucht Zeit, oft wächst es nur langsam. Ich kann es nicht erzwingen. Vertrauen bedeutet, jemandem oder etwas eine Art Vorschuss zu geben, und zwar freiwillig. Wir erwarten z. B. einen positiven Verlauf einer Sache oder dass sich jemand in bestimmter Weise verhält. Vertrauen in Bezug auf Gott beinhaltet die Überzeugung, dass sein Handeln richtig ist und uns zum Guten dient. Unser Vertrauen beruht dabei immer auf positiven Erfahrungen oder Empfehlungen von anderen.

Wenn wir über Vertrauen nachdenken, fallen uns Begriffe ein wie Zuversicht, Zutrauen, Glaube, Sicherheit, Überzeugung und Hoffnung. Glaube ist laut der Bibel *das Vertrauen darauf, dass das, was wir hoffen, sich erfüllen wird, und die Überzeugung, dass das, was man nicht sieht, existiert* (Hebräer 11,1). Das Wort für „Glaube" im Grundtext könnte man sogar mit „Vertrauen" übersetzen. Letztlich macht Vertrauen also den Kern unseres Glaubens aus! Vertrauen, Hoffnung und Glaube können zwar auch missbraucht und enttäuscht werden – jedoch nur von Menschen, nicht von Gott! Im Hebräerbrief finden wir im Kapitel 11 eine Auflistung von Personen, die Gottes Treue in ihrem Leben erfahren haben; die ihm vertraut, auf ihn gehofft und an ihn geglaubt haben. Auch Mose kommt hier vor: *Durch den Glauben verließ Mose das Land Ägypten. Er hatte keine Angst vor dem König, sondern ging unerschütterlich weiter, weil er den Blick fest auf den richtete, der unsichtbar ist* (Hebräer 11,17).

Mose verließ sich auf Gott und brauchte doch immer wieder Menschen an seiner Seite, die ihn ermutigten, mit seiner Kraft sorgsam umzugehen (vgl. 2. Mose 18,17-18) und mit Gottes Kraft zu rechnen (vgl. 2. Mose 17,11-12). Auch wir brauchen die Ermutigung und die Unterstützung der anderen, damit wir durchhalten. Ich selbst habe das schon häufig erlebt:

Unser zweiter Sohn hatte als Kleinkind starkes Asthma. Alle drei bis vier Stunden halfen wir ihm mit einer Inhalation, den zähflüssigen Schleim zu bekämpfen, Tag und Nacht. Mein Mann und ich wechselten uns ab. Wir hofften auf Heilung. Als Nick zweieinhalb Jahre alt war, hörte sich sein Husten wie das Bellen eines großen Hundes an. Ich hörte ihn ständig und überall. Selbst im Wald konnte er sich nicht verstecken, denn er war immer zu hören. Auf einer Gemeindefreizeit begannen ein paar Menschen damit, für ihn und uns zu beten. Mittlerweile war ich selbst mehr krank als gesund. Der fehlende Schlaf und die Anspannung hatten Spuren hinterlassen. Mein Hauskreis betete für mich und tat noch vieles mehr für uns. Wenn ich krank war, weder die Wäsche noch Essen machen konnte, kam jemand vorbei oder stellte einen Topf Hühnersuppe vor die Tür.

Meine Kraft reichte gerade so von Tag zu Tag. Kurz bevor Nick vier Jahre alt wurde, beantragte ich für mich eine Kur – ohne Nick, um endlich einmal wieder zu schlafen und zu Kräften zu kommen. Kurz davor musste ich jedoch noch einmal mit ihm zu einer Untersuchung in die Klinik. Während wir auf den Arzt warteten, schielte unser neugieriger Sohn schon auf die Ergebnisse, die auf dem Tisch lagen: „Schau mal, Mama, meine Lungenfunktionskurve sieht gar nicht mehr so aus wie eine Hängematte!" – „Ja, stimmt, die sieht aus wie bei einem Gesunden. Das kann nicht deine sein!"

Ich hatte mich schon gewundert, warum die Untersuchung so lange gedauert hatte und warum der Arzt uns warten ließ. Kaum war er im Zimmer, schüttelte er uns auch schon die Hand und verabschiedete sich mit den Worten: „Wir werden uns hier nicht wiedersehen! Ihr Sohn ist gesund! Erklären kann ich Ihnen das auch nicht, aber wir haben es mehrfach überprüft. Es gibt keinen Hinweis auf Asthma mehr."

Völlig irritiert ging ich nach Hause. Sollte Gott unsere Gebete erhört haben? Warum jetzt? In meiner Kur hatte ich Zeit, Gott zu danken und mich zu erholen. Immer noch hörte ich Nicks Husten in meinem Kopf. Würde er wirklich nicht mehr so husten, wenn ich nach Hause käme? Das war an Ostern. Mein Hauskreis freute sich mit uns. Und ich dachte im Stillen: Lassen wir den Sommer vorübergehen und den Herbst kommen, mal sehen, ob er wirklich gesund bleibt. Was, wenn nicht? Würde ich dann meinen Glauben verlieren? Ich hatte Zweifel. Schenkte Gott uns eine Verschnaufpause oder wirkliche Heilung? Jede Erkältung, jeder „normale" Husten ließen mich misstrauisch werden.

Andere Menschen haben mich in dieser Zeit immer wieder daran erinnert, dass Gott treu ist und nicht nur „zur Hälfte" heilt. Sie erinnerten mich daran, wie Gott schon bei der Geburt von Nick seine Hand über ihn gehalten, wie er in meinem eigenen Leben gewirkt und wie er mir Kraft geschenkt hatte, wenn ich nicht mehr konnte. Letztlich ging es mir nicht anders als den Israeliten. Obwohl ich ein so großes Wunder erlebt hatte, regten sich immer noch Zweifel in mir.

Bis zum ersten Advent dauerte es, dass ich auch im Herzen spürte: Gott gibt denen Kraft, die auf ihn vertrauen. Er bürdet uns nicht mehr auf, als wir tragen können (vgl. Jesaja 40,29 und 1. Korinther 10,13) und er trägt mir meine Schuld nicht nach, dass ich nicht glauben konnte, dass er meinen Sohn wirklich geheilt hatte (vgl. 1. Johannes 1,9).

Später haben wir alle Menschen eingeladen, die für Nick und uns gebetet hatten. Nach und nach kamen viele Menschen in unser Haus. Nick staunte: „Die haben alle für mich gebetet?" Er wird sich sein Leben lang daran erinnern.

Heute ist er zehn Jahre alt und sein Leben bezeugt schon jetzt, dass es sich lohnt, auf Gott zu vertrauen. Und ich habe gelernt: Ich allein kann meine Söhne nicht beschützen. Ich habe mein Leben nicht unter vollkommener Kontrolle. Es geschehen Dinge, die ich nicht will und nicht verstehe. Aber ich möchte Gott vertrauen, dass uns alles zum Besten dient!

Austausch

- Hebräer 10,35-36: Was bedeutet es, unser Vertrauen wegzuwerfen? Wie kann das aussehen?
- Worauf sollen wir genau vertrauen?
- Auf welche Belohnung warten wir? Was hat Gott uns versprochen?
- Moses Eltern vertrauten darauf, dass Gott das Leben ihres Sohnes schützen würde (vgl. Hebräer 11,23). Vertraue *ich* darauf, dass Gott die mir Nahestehenden bewahrt, auch wenn es nicht so aussieht, wie ich mir das vorstelle?
- Erzählt einander, wo und wie Gott in eurem Leben seine Versprechen bereits eingelöst hat.
- In manchen Bereichen ist Vertrauen leicht, in anderen sehr schwer. In welchen Bereichen fällt es mir leicht, Gott

zu vertrauen? Wo habe ich Mühe mit enttäuschtem Vertrauen?

* Was hilft mir zu vertrauen?

 # 3. Weiterfahren

Vertrauen wächst durch Erfahrungen und lässt sich einüben. Wenn wir in guten Zeiten vertrauen lernen, trägt es uns durch schwere Zeiten.

Sprecht euch gegenseitig Gottes Treue zu!
Einer von euch liest die folgenden Zusagen laut vor. Wer sich davon angesprochen fühlt, hebt den Arm oder nickt mit dem Kopf als sichtbares Zeichen, dass er auf diese Zusage bauen möchte. Gerne darf die Zustimmung zu mehreren Zusagen erfolgen.

Vergesst nicht, dass die Prüfungen, die ihr erlebt, die gleichen sind, vor denen alle Menschen stehen. Doch Gott ist treu. Er wird die Prüfung nicht so stark werden lassen, dass ihr nicht mehr widerstehen könnt. Wenn ihr auf die Probe gestellt werdet, wird er euch eine Möglichkeit zeigen, trotzdem standzuhalten.

1. Korinther 10,13

Ich aber will mich auf den Herrn verlassen. Erwartungsvoll will ich nach dem Herrn Ausschau halten.

Micha 7,7

45

Es schrie einer zum Herrn in seinem Leid, und er hörte ihn und rettete ihn aus allen seinen Ängsten. Denn der Engel des Herrn beschützt die, die ihm gehorchen, und rettet sie. Schmecke und sieh, dass der Herr gut ist. Freuen darf sich, wer auf ihn vertraut! Das Volk des Herrn soll mit Ehrfurcht vor ihn treten, denn die ihn ehren, haben alles, was sie brauchen.

Psalm 34,7-10

Wenn ihr euch Sorgen um die Zukunft macht, dann kommt damit zu mir! Ich weiß doch, wie ich mit meinen Kindern und mit all meinen Geschöpfen umgehen muss. Vertraut euch mir an!

Jesaja 45,11 (HFA)

Von Anfang an habe ich euch getragen, seit eurer Geburt sorge ich für euch. Ich bleibe derselbe; ich werde euch tragen bis ins hohe Alter, bis ihr grau werdet. Ich, der Herr, habe es bisher getan, und ich werde euch auch in Zukunft tragen und retten.

Jesaja 46,3-4 (HFA)

Denn ich bin ganz sicher: Weder Tod noch Leben, weder Engel noch Dämonen, weder Gegenwärtiges noch Zukünftiges, noch irgendwelche Gewalten, weder Hohes noch Tiefes oder sonst irgendetwas können uns von der Liebe Gottes trennen, die er uns in Jesus Christus, unserem Herrn, schenkt.

Römer 8,38-39

Der Herr über Himmel und Erde ist mit uns! Der Gott Jakobs ist unser Schutz.

Psalm 46,8

Überlasst all eure Sorgen Gott, denn er sorgt sich um alles, was euch betrifft!

1. Petrus 5,7

Worin möchtest du Gott vertrauen? Lege es ihm in den kommenden Tagen immer wieder im Gebet hin!

Erinnert einander im Laufe der Woche an Gottes Taten in eurem Leben, an Gottes Verheißungen, an das, wo ihr Gott vertrauen möchtet – z. B. per SMS, durch Postkarten, telefonisch, bei Begegnungen. Und bittet vertrauensvoll um das, was ihr braucht!

Abschluss

Schließt eure gemeinsame Zeit mit dem Segenswunsch aus Hebräer 13,20-21:

Ich wünsche euch, dass der Gott des Friedens, der unseren Herrn Jesus, den großen Hirten der Schafe, durch das Blut des ewigen Bundes von den Toten zurückgebracht hat, euch mit allem versorgt, was ihr braucht, um seinen Willen zu tun. Ich wünsche mir, dass er durch die Kraft von Jesus Christus all das in uns wachsen lässt, was ihm Freude macht. Ihm gehört die Ehre für immer und ewig! Amen.

Liedvorschlag

„Immer auf Gott zu vertrauen" (Herbert Masuch)[3]
„Mit aller Kraft" (siehe S. 79)

---

3   Text und Musik als mp3 unter www.sermon-online.de

5. Woche | ANKE WIEDEKIND

Entdecke die Kraft der Beziehung zu Gott

So weit bin ich schon gekommen!

Ein Gebet von Mose, dem Mann Gottes. Herr, seit Generationen bist du unser Schutz.

Psalm 90,1

 # 1. Ankommen

Rückblick auf die Erfahrungen der letzten Woche

Welche Erfahrungen hast du mit deinem Vertrauen auf Gott gemacht? Wo hat es dir geholfen? Hat es sich gelohnt? Wurdest du enttäuscht?

Anregung zum Gebet/Lobpreis

Singt zwei bis drei Lobpreislieder, die von der Beziehung zu Gott handeln, z. B. „Land der Ruhe", „Herr, ich suche deine Ruhe (Auge im Sturm)", „Mein Jesus, mein Retter".

Der leitende Text für dieses Treffen ist Psalm 90, der von der Begrenztheit unseres Lebens und der Größe Gottes spricht. Lest ihn zum Einstieg gemeinsam und versucht, diesen Text aus verschiedenen Blickwinkeln zu betrachten, getreu dem Motto Martin Luthers: „Die Schrift ist ein Kräutlein; je mehr du es reibst, desto mehr duftet es."

Ein Gebet von Mose, dem Mann Gottes. Herr, seit Generationen bist du unser Schutz! Noch bevor die Berge erschaffen wurden, bevor du die Erde und das Weltall schufst, warst du Gott, du bist ohne Anfang und ohne Ende. Du machst die Menschen wieder zu Staub, indem du sprichst: »Werdet zu Staub!« Denn für dich sind tausend Jahre wie der ges-

tern vergangene Tag, wie wenige Stunden nur! Du wischst die Menschen fort wie ein Traum, der am Morgen verschwindet, wie Gras, das in der Frühe wächst. Am Morgen grünt und blüht es, aber am Abend ist es welk und trocken. So vergehen wir durch deinen Zorn, und durch deine Wut werden wir überwältigt. Denn du siehst unsere Sünden, auch unsere geheimsten Vergehen deckst du auf. Unter deinem Zorn verrinnt unser Leben, schnell wie ein Seufzer vergeht es. Unser Leben dauert siebzig Jahre, vielleicht sogar achtzig Jahre. Doch selbst noch die besten Jahre sind voller Kummer und Schmerz, wie schnell ziehen die Jahre vorüber und alles ist vorbei. Wer kann deinen gewaltigen Zorn begreifen? Wer fürchtet sich schon vor deiner Wut? Lehre uns, unsere Zeit zu nutzen, damit wir weise werden. Herr, wende dich doch wieder uns zu! Warum zögerst du noch? Erbarme dich über die, die dir dienen! Überschütte uns schon am Morgen mit deiner Gnade, dann werden wir singen und fröhlich sein bis ans Ende unserer Tage. Schenke uns so viel Glück, wie du uns zuvor Elend geschickt hast! Gib uns jetzt genauso viele Jahre der Freude. Zeige uns, wie wunderbar du handelst, und lass unsere Kinder deine Herrlichkeit sehen. Der Herr, unser Gott, schaue freundlich auf uns und lasse unsere Arbeit gelingen. Ja, lass unsere Arbeit gelingen!

- Was möchte Gott mir persönlich durch diesen Bibeltext sagen?
- Wofür kann ich aufgrund dieses Textes danken?
- Weist er mich auf etwas hin, was ich als Sünde bekennen sollte?
- Gibt mir der Text Anhaltspunkte, wofür oder für wen ich beten kann?
- Formuliert im Gebet, was euch besonders aufgefallen ist.

Einstieg: Nah oder fern?

Die Hauskreis-Teilnehmenden sollen sich als Antwort auf die folgenden Fragen im Raum verteilen, wobei ein bestimmter Punkt für „Gottesnähe", ein anderer (gegenüberliegender) für „Gottesferne" steht.

1. Wie nahe fühlst du dich Gott?
2. Wie war das vor einem Jahr?
3. Wie soll es in einem Jahr sein?

 # 2. Auftanken

Einführung

Das Volk Gottes hat sich am Sinai niedergelassen. Dort empfängt es die Zehn Gebote sowie eine ganze Reihe anderer Regeln und Leitlinien, die sein Leben fortan prägen sollen. Sie betreffen zum einen das Miteinander, zum anderen die Beziehung zu Gott – wie sie aussehen und gestaltet werden soll.

Heute werden diese Gebote und Weisungen häufig als Verbote und Einschränkungen empfunden, besonders von Menschen, die dem Christentum eher skeptisch gegenüberstehen. Doch das wollen sie nicht sein! Sie sind vielmehr eine Anleitung dazu, wie unser Leben gelingen kann. Und sie helfen uns, Entscheidungen zu treffen und unsere Prioritäten richtig zu setzen.

Was zählt, was wichtig ist und was unser Überleben prägt (oder prägen sollte), darum geht es auch in Psalm 90 – einem Gebet, das Mose geschrieben hat und das auch etwas über seine Beziehung zu Gott ausdrückt. Häufig wird dieser Psalm in Verbindung mit dem Tod erwähnt. Denn Mose sinnt vor Gott darüber nach, wie vergänglich das Leben ist und wie beschränkt die eigene Zeit. Gott ist die Ursache dafür – er lässt den Menschen sterben, dorthin zurückkehren, wo er hergekommen ist. Gleichzeitig sieht Mose aber Gott auch als den, der diesem beschränkten Leben einen Sinn verleiht. Er ist auf seine Güte angewiesen, darauf, dass Gott seine Bemühungen nicht ins Leere laufen, nicht umsonst sein lässt.

Lehre uns, unsere Zeit zu nutzen, damit wir weise werden, betet er. Vom Lebensende, von der Vergänglichkeit aus betrachtet, zeigt sich das Leben in einem anderen Licht.

Ein Freund meiner Kollegin ist kürzlich schwer verunglückt. Die Radgabel brach und er stürzte ungeschützt mit dem Gesicht auf den Boden. Der hübsche junge Mann hatte unzählige Gesichtsbrüche, sein Gesicht war um 1,5 cm nach hinten verzogen; ein Schädelbasisbruch und ein Loch im Kopf kamen hinzu. Wochenlang schwebte er zwischen Himmel und Erde, wusste nicht, ob er überleben würde, von Halluzinationen und höllischen Schmerzen geplagt. Die Todesnähe brachte ihn dazu, die Frage nach dem wirklich Wesentlichen im Leben zu stellen und sein Leben schließlich Gott anzuvertrauen.

Weiterleben ist nach einem solchen Unfall ein Geschenk, Beziehungen, die Menschen, die für ihn gebetet, ihn getröstet, seine Heilung begleitet haben, werden zu einem unschätzbaren Wert im Leben und die Beziehung zu Gott, dem man unverhofft so nahe kam, wird die Priorität Nr. 1.

Zu meinen Aufgaben als Pastorin gehört es, dass ich Beerdigungen abhalte. Im Gegensatz zu vielen meiner Kollegen mache ich sie eigentlich ganz gern. Nicht, weil ich mich freue, dass ein Mensch gestorben ist, nicht, weil mir die Konfrontation mit dem Tod so angenehm wäre, sondern weil die

Schwelle des Todes (genauso übrigens wie die Geburt) die Zeit durchlässig macht für die Ewigkeit.

Sammelt eure Reichtümer im Himmel, wo sie weder von Motten noch von Rost zerfressen werden und vor Dieben sicher sind, heißt es in der Bibel (Matthäus 6,20). Das ist nicht nur ein kluger Rat, sondern dahinter steht ein ganzes Lebenskonzept. Die Bibel sieht Zeit und Ewigkeit nicht durch eine verschlossene Tür getrennt und den Beginn der Ewigkeit am Ende des Lebens, in ferner Zukunft. Nein, sie sagt: Die Tür zur Ewigkeit steht offen. Zeit und Ewigkeit greifen ineinander. Unser jetziges Leben reicht in die Ewigkeit hinein.

Daraus ergibt sich eine Verantwortung, denn es ist nicht egal, wie wir hier leben. Schon heute beginnt die Zukunft. Sie ist die Summe unserer heutigen Entscheidungen. Umgekehrt bricht die Ewigkeit in die Zeit hinein. Sie ist nicht nur Zukunft, sondern bereits hier zu erlebende Gegenwart. Ob sie Einfluss auf unser Leben nimmt oder ob wir sie links liegen lassen, das liegt ein ganzes Stück weit an unserer Entscheidung. Gottes Wunsch allerdings steht fest: Er will uns dafür gewinnen, unser Leben von der Ewigkeit her zu leben. Das ist keine Einladung zur Weltflucht. Im Gegenteil: Wir sollen weiterhin mit beiden Beinen auf der Erde stehen und Lust am Leben haben. Es geht vielmehr darum, unsere Perspektive zu weiten. Es ist, als ob Gott uns mit der Nase auf ein viel zu wenig beachtetes Geheimnis stoßen will und sagen möchte: „Hey, vergesst mal euer Streben nach Zeit. Was ihr braucht, ist nicht Zeit, was ihr braucht, ist Ewigkeit. Holt euch Ewigkeit in euer Leben, denn das verändert eure gesamte Lebensperspektive und gibt euch eine ganz neue Kraft."

Darum sollten wir unser Leben nicht in der Bedeutungslosigkeit versinken lassen. Dazu passt auch Matthäus 6,33: *Wenn ihr für ihn lebt und das Reich Gottes zu eurem wich-*

tigsten Anliegen macht, wird er euch jeden Tag geben, was ihr braucht.

Ich habe einmal gehört: „Der, der zuerst nach Gottes Reich trachtet, dem wird mit der Ewigkeit zugleich auch die Zeit geschenkt. Er erhält sie sozusagen als Zugabe. Und nun weiß er auch mit seiner Zeit Richtiges anzufangen. Wer das Ziel der Zeit kennt, der weiß, was bedeutsam ist, und er wird die Zeit nutzen, um dem Bedeutsamen in seinem Leben Raum zu geben."

Austausch

Legt kleine Zettel bereit, auf die die Teilnehmenden Aspekte ihres Lebens schreiben können, z. B. Partnerschaft, Beruf, Gesundheit, Finanzen, Werte etc.

Versucht miteinander zu sortieren: Was sind Schätze im Himmel, was sind Schätze hier auf Erden?

Legt die Schätze im Himmel in eine Schatzkiste.

- Was sind für mich Schätze im Himmel?
- Wenn ich nur noch kurze Zeit zu leben hätte, was würde ich tun?
- Was müsste sich in meinem Leben ändern, damit die Schätze im Himmel an Priorität gewinnen?
- Was ergibt sich daraus für meine Beziehung zu Gott?
- Inwiefern kann mir die Perspektive der Ewigkeit in meinem Alltag heute Kraft schenken?

 # 3. Weiterfahren

Durch die Woche mit Psalm 90
Lest Psalm 90 in der kommenden Woche noch häufiger. Achtet auf die Verse, die euch besonders berühren, und versucht, mit Gott darüber ins Gespräch zu kommen.

Abschluss
Nehmt euch eine Zeit der Stille.
In diese Stille hinein lest folgenden Text:

Gott hat sein letztes, tiefstes, schönstes Wort im fleischgewordenen Wort in unsere Welt hinein gesagt. Und dieses Wort heißt: Ich liebe dich, du Welt, du Mensch. Ich bin da. Ich bin bei dir. Ich bin dein Leben.

Ich bin deine Zeit. Ich weine deine Tränen. Ich bin deine Freude.

Fürchte dich nicht! Wo du nicht mehr weiterweißt, bin ich bei dir.

Ich bin in deiner Angst, denn ich habe sie mitgelitten. Ich bin in deiner Not und in deinem Tod, denn heute begann ich mit dir zu leben und zu sterben. Ich bin in deinem Leben und ich verspreche dir: Dein Ziel heißt Leben. Auch für dich geht das Tor auf.

Karl Rahner

Beendet die Stille mit dem Vaterunser.

Liedvorschlag
„Ich heb mein' Blick" (siehe S. 80)

Entdecke die Kraft, die dich ans Ziel kommen lässt

Bitte volltanken – ich mach mich auf die Reise!

Wie du mich in die Welt gesandt hast, so sende ich sie in die Welt.

Johannes 17,18

 # 1. Ankommen

Rückblick auf die Erfahrungen der letzten Woche

Erinnert euch an Psalm 90,14: *Überschütte uns schon am Morgen mit deiner Gnade, dann werden wir singen und fröhlich sein bis ans Ende unserer Tage.*

Worüber könntest du jetzt gerade oder in Erinnerung an die vergangene Woche singen und fröhlich sein?

Anregung zum Gebet/Lobpreis

Singt gemeinsam Lieder zur Ehre Gottes.

Wenn ihr nicht singen mögt, dann könnt ihr auch ein oder zwei Lobpreislieder anhören und dabei die Liedtexte als Gebet innerlich mitsprechen oder euch durch passende Bibelstellen (s.u.) zum Gebet anregen lassen.

Vorschläge:
- Alles, was atmet (Albert Frey, Grundlage: Psalm 150,1-6)
- Für den König (Albert Frey, Grundlage: 1. Timotheus 1,17)
- Das Höchste meines Lebens (Mark Pendergrass, deutscher Text: Gitta Leuschner, Grundlage: Philipper 3,8)

Einstieg: Im Spiegel - ich bin geliebt!

Stell dir vor, du hast einen Wunsch frei: Welche Eigenschaft von Jesus würdest du gerne an dir selbst sehen?

Schaut jetzt nacheinander in einen Handspiegel: Ein Ebenbild Gottes blickt dir entgegen! Gewollt, geliebt und wunderbar gemacht – fähig so zu sein wie Jesus!

 ## 2. Auftanken

Einführung

Diese Woche ist die letzte unserer 40-Tage-Aktion. Im Andachtsbuch verfolgen wir, wie Mose das Volk Gottes bis zum Gelobten Land führt und schließlich stirbt. Besonders interessant ist die Geschichte, als die Israeliten, von Giftschlangen gebissen, auf eine bronzene Schlange auf einer Stange blicken, um Heilung zu erfahren (vgl. 37. Tag). Hier finden wir mitten in der Mose-Geschichte einen Hinweis auf Jesus und die Kreuzigung – unsere Rettung!

Wir sind von Gott geschaffen, durch Jesus gerettet – das ist wunderbar. Doch ist damit alles Wichtige in unserem Leben passiert? Was kommt dann noch?

Lesen wir, was Jesus seinen Jüngern kurz vor seinem Tod mit auf den Weg gibt. Denn es gilt auch für uns heute.

Darin wird mein Vater verherrlicht, dass ihr viel Frucht hervorbringt und meine Jünger werdet. Ich habe euch genauso geliebt, wie der Vater mich geliebt hat. Bleibt in meiner Liebe. Wenn ihr mir gehorcht, bleibt ihr in meiner Liebe, genauso wie ich meinem Vater gehorche und in seiner Liebe bleibe. Ich sage euch das, damit meine Freude euch erfüllt. Ja, eure Freude soll vollkommen sein!

Ich gebiete euch, einander genauso zu lieben, wie ich euch liebe.
Die größte Liebe beweist der, der sein Leben für die Freunde hingibt. Ihr seid meine Freunde, wenn ihr tut, was ich euch auftrage. Ich nenne euch nicht mehr Diener, weil ein Herr seine Diener nicht ins Vertrauen zieht. Ihr seid jetzt meine Freunde, denn ich habe euch alles gesagt, was ich von meinem Vater gehört habe.
Nicht ihr habt mich erwählt, ich habe euch erwählt. Ich habe euch dazu berufen, hinzugehen und Frucht zu tragen, die Bestand hat, damit der Vater euch gibt, was immer ihr ihn in meinem Namen bittet. Ich gebe euch das Gebot, einander zu lieben.

(Johannes 15,8-17)

Die Kapitel 13-16 des Johannesevangeliums sind ein ganz besonderer Abschnitt. Hier spricht Jesus zu seinem engsten Jüngerkreis, und zwar kurz bevor er verraten wird. Er weiß schon, was auf ihn zukommt. Die Kapitel 13 und 14 machen die Gnade Gottes deutlich. Jesus verspricht, wiederzukommen und uns Gläubigen in der Zwischenzeit den Heiligen Geist als Tröster und Wegweiser zu senden, sich uns zu offenbaren und seinen Frieden zu geben (vgl. auch Johannes 20,21-22).

Die Kapitel 15 und 16 betonen, wofür wir nun verantwortlich sind, was unsere Aufgabe ist, warum und wie wir leben sollen, wenn wir ihm nachfolgen möchten. Zunächst geht es um unsere Errettung und dann darum, dass wir Frucht bringen: *Nicht ihr habt mich erwählt, sondern ich habe euch erwählt. Ich habe euch dazu bestimmt, reiche Frucht zu bringen!*

Die Liebe Jesu gilt in vollem Maße jedem von uns. Er hat uns erwählt! Unser Leben hat einen Sinn. So wie Mose sich ganz in den Dienst Gottes stellte und das Volk zum Gelobten Land führte; so wie Jesus sich auf Gottes Herrschaft, auf Gottes Reich konzentrierte, so sollen wir uns den Dingen hingeben, die Gottes Reich fördern. Seine Herrschaft soll sich ausbreiten. Jesus macht klar: Frucht sollt ihr bringen! Daraus lässt sich folgern, dass wir alle Voraussetzungen haben, um das auch zu tun! Jesus hat uns dazu erwählt, bestimmt und befähigt!

Nur wenn wir fest mit Jesus verbunden sind, können wir Frucht tragen. Nur wenn wir bei Gott auftanken, haben wir etwas weiterzugeben. Nur Jesus kann aus einem leergefahrenen Auto wieder ein mobiles Transportmittel seiner Liebe machen. Das Auftanken ist das eine, das Weiterfahren das andere.

Rufen wir uns in Erinnerung: Gott hat Jesus in diese Welt gesandt. Jesus kam in sein Land, in seine Kultur, in seine Familie zum exakt richtigen Zeitpunkt, um seinen Vater in allen Bereichen zu verherrlichen.

Jeder von uns ist als ein Kind Gottes in diese Welt gesandt, jeder in seine Familie, in unsere Gesellschaft, in genau die Lebensbezüge, in denen er gerade steht. Jesus sendet uns, dich und mich, ganz bewusst: Genau da, wo du jetzt stehst, hast du als Gesandter Gottes die besten Möglichkeiten, Gott zu verherrlichen! Es geht nicht nur darum, zu überleben, sondern Gottes Leben in dieser Welt zu verbreiten!

Austausch

- Ein Auto muss immer wieder betankt werden. Ohne Sprit kann es seinen Zweck nicht erfüllen. Und wenn es betankt ist, macht es keinen Sinn, es stehen zu lassen. Es macht ebenso wenig Sinn, vollzutanken und planlos herumzufahren. Wir brauchen ein Ziel.
- Wie befüllt Gott mich mit seiner Liebe?
- Woran erkenne ich, dass ich erwählt bin?
- Welche Frucht kann ich in meinem Leben erkennen?
- Erkenne ich Gottes Auftrag in meiner konkreten Lebenssituation?
- Wohin sendet er mich?
- Welche Unterstützung für meinen Auftrag habe ich schon erlebt, welche wünsche ich mir? Woher kann ich sonst Kraft bekommen?

Denkt über ein gemeinsames sozial-diakonisches Projekt nach.

Jede Menge Anregungen, wie ihr eurer Stadt dienen könnt, finden sich z. B. unter Serve the City (www.servethecity.net) oder der Freiwilligenagentur (www.bagfa.de). Ihr könnt auch besprechen, wo und wie ihr euch oder anderen in der Gemeinde gegenseitig dienen könnt.

Dienen geht überall! So kann beispielsweise auch unser Geld zum Dienen genutzt werden. Durch Kleinstkredite wird Menschen geholfen, eine eigene Existenz aufzubauen, siehe u.a. www.kiva.org.

 **3. Weiterfahren**

Für eine gelingende Weiterfahrt brauche ich ein Ziel, ausreichend Sprit und eine Karte, die mir den Weg zeigt.

Der Leiter bereitet drei Symbole in mehrfacher Ausführung auf Papier vor: ein Parkplatz-Schild, ein Pannenzeichen, einen Pfeil (alternativ Kerzen, Steine, Stifte) und sorgt für ausreichend Platz auf einem Tisch oder dem Boden.

- Das Parkplatz-Schild (Kerze) steht für Dank, Hoffnung und Bitte,
- das Pannenzeichen (Stein) für etwas Ungelöstes, Schweres, eine Frage,
- der Pfeil (Stift) für ein Ziel, für etwas, das du aus dieser 40-Tage-Zeit mitnehmen und in Zukunft anwenden/umsetzen möchtest.

Jeder kann sich nun ein oder alle Symbole nehmen und sich Gedanken zu den einzelnen Punkten machen. Hilfreich ist es auch, sich Dinge, die einem wichtig werden, aufzuschreiben.

Wenn du dir etwas vorgenommen hast, dann achte darauf, dass du damit gleich anfängst oder zumindest in den nächsten Tagen. Eine gute Möglichkeit, mit der Umsetzung zu beginnen (oder wegen möglicher Schwierigkeiten nicht so schnell klein beizugeben), ist der Austausch mit anderen. Wenn andere wissen, was du dir vorgenommen hast und sie auch noch deine Befürchtungen kennen, können sie nachfragen, für dich beten und dich in der Umsetzung unterstützen. Je länger du an etwas dranbleibst, umso eher kann es sich in deinem Leben verankern. All das sind mögliche Kraftquellen, die dich ans Ziel bringen.

Beendet daher eure gemeinsame Zeit mit einer interaktiven Runde, in der jeder sich anhand der Symbole mitteilen darf. Schließt dann eine Gebetsgemeinschaft an, in der ihr für die genannten Punkte betet.

Abschluss

Schließt mit folgendem Irischen Segen:

Nicht, dass keine Wolke deinen Weg überschatte,
nicht, dass dein Leben künftig ein Beet voller Rosen sei.
Nicht, dass du niemals bereuen müsstest;
nicht, dass du niemals Schmerzen empfinden solltest.
Nein, das wünsche ich dir nicht.

Mein Wunsch für dich lautet:
dass du tapfer bist in Stunden der Prüfung;
wenn andere Kreuze auf deine Schultern legen.
Wenn Berge zu erklimmen und Klüfte zu überwinden sind;
wenn die Hoffnung kaum mehr schimmert.
Dass jede Gabe, die Gott dir schenkt, mit dir wachse.
Und sie dir dazu diene, denen Freude zu schenken, die dich mögen.
Dass du immer einen Freund hast, der es wert ist, so zu heißen.
Dem du vertrauen kannst. Der dir hilft, wenn du traurig bist.
Der mit dir gemeinsam den Stürmen des Alltags trotzt.

Und noch etwas wünsche ich dir:
dass du in jeder Stunde der Freude und des Schmerzes die Nähe Gottes spürst.

Das ist mein Wunsch für dich, und für alle, die dich mögen.
Das ist mein Wunsch für dich, heute und alle Tage.

Verfasser unbekannt[4]

Liedvorschlag
„Jeden Tag" (siehe S. 83)

---

4   Tipp: Anzusehen unter www.e-water.net/viewflash.php?flash=irishblessing_de

Gemeinsam weiterfahren

Du bist jetzt sechs Wochen mit anderen unterwegs gewesen – eine, so hoffen wir, ermutigende und kraftspendende Erfahrung. Du hast erlebt, wie wichtig es ist, innezuhalten und aufzutanken, und welche Kraft in der Gemeinschaft steckt: Um ans Ziel zu kommen, brauchen wir einander.

Wenn du, am besten mit deiner Gruppe zusammen, thematisch an diese Zeit anknüpfen möchtest, dann bietet sich die Betrachtung des Johannesevangeliums an. Lasst euch als Menschen, die Jesus nachfolgen möchten, von ihm selbst und den Erlebnissen der ersten Jünger ermutigen, dranzubleiben und die Kraft Gottes zu erleben.

Wenn sich deine Gruppe nur für diese sechs Wochen getroffen hat, dann klärt, ob ihr weiter zusammenbleiben möchtet oder nicht: Verabschiedet euch, wenn die gemeinsame Zeit nun zu Ende ist – vielleicht bei einem gemeinsamen Abendessen. Wenn jemand weiterhin Gemeinschaft mit anderen Christen wünscht, sollte er sich einem bestehenden Hauskreis der Gemeinde anschließen.

Wenn ihr gemeinsam als Gruppe weiter Jesus nachfolgen möchtet, vereinbart einen Termin, an dem ihr besprecht, wie es weitergeht. Fragt in eurer Gemeinde an, wie ihr als Kleingruppe weitermachen könnt und fordert bei Bedarf entsprechendes Material an (z. B. das Hauskreismagazin des Bundes-Verlags).

Eine gesegnete Weiterfahrt wünschen euch

Anke Wiedekind und Mirjam Puppe

Tipps und Tricks der Hauskreisleitung

Die Rolle des Hauskreisleiters

Ein häufiges Missverständnis lautet: „Wenn ich einen Hauskreis leite, muss ich für den theologischen Input sorgen und jedes Mal ein Referat halten."

Nein, auf keinen Fall! Verstehe deine Rolle als Kleingruppenleiter eher als *Gastgeber, Organisator* und *Moderator* der Treffen.

Als *Gastgeber* sorgst du für eine gute, herzliche Atmosphäre, vielleicht sogar für Essen, Getränke und eine schöne Dekoration, bei der sich jeder heimisch und aufgehoben fühlen kann.

Als *Organisator* besteht deine Aufgabe darin, den äußeren Rahmen der Treffen zu gewährleisten, das heißt, du verabredest Zeitpunkt und Ort. Du trägst Sorge dafür, dass alle Hauskreismitglieder informiert sind. Außerdem hältst du die Verbindung zur Gesamtgemeinde, sofern diese die Hauskreise und Kleingruppen übergreifend organisiert.

Und als *Moderator* sorgst du für eine ausgewogene Beteiligung aller, hältst die Teilnehmenden auf der Zielgeraden und sorgst für einen pünktlichen Anfang und ein pünktliches Ende der Treffen.

Natürlich kannst du diese Aufgaben auch delegieren, z. B. kann sich die Gruppe bei einem der Teilnehmer treffen, der sich für die Gastlichkeit verantwortlich erklärt. Oder ein

Gruppenmitglied übernimmt die inhaltliche Verantwortung für ein Treffen. Wichtig aber ist, dass die letzte Verantwortung bei *einer* oder maximal zwei Personen bleibt, da sonst Verwirrung und Orientierungslosigkeit entstehen können.

Regeln für den Hauskreis

Es hat sich bewährt, sich bei Bildung eines Hauskreises über Regeln des Miteinanders zu verständigen. Das klingt auf den ersten Blick etwas starr und schematisch. Doch erfahrene Hauskreisleiter versichern, dass die Qualität der Treffen enorm steigt und kräftezehrende Konflikte von Anfang an vermieden werden können, wenn die Teilnehmenden einen Konsens darüber haben, wie sie miteinander arbeiten und umgehen wollen.

Im Folgenden stellen wir zwölf bewährte Kleingruppen-Regeln zur Verfügung, aus denen du die für euch passenden auswählen kannst. Besprecht diese Regeln direkt beim ersten Treffen gemeinsam und legt sie verbindlich für diese 40-Tage-Aktion fest (wenn der Hauskreis nicht ohnehin schon besteht – aber vielleicht habt ihr selbst dann noch nie über Regeln gesprochen?).

1. Wir kommen regelmäßig – keiner fehlt

Das Schönste, was jeder in die Gemeinschaft einbringen kann, ist das Geschenk der eigenen Gegenwart. Umso mehr schmerzt es, wenn jemand aus dieser Gemeinschaft fehlt. Regelmäßige Teilnahme am Hauskreis sollte darum selbstverständlich sein. Natürlich gibt es dringende Gründe, warum jemand einmal fehlen muss. Aber der Hauskreis sollte auf der persönlichen Prioritätenliste ganz weit oben stehen. Und wenn einer nicht kommen kann, sagt er dem Gastgeber baldmöglichst Bescheid.

2. Wir kommen pünktlich – wir schließen pünktlich
Unpünktlichkeit signalisiert Desinteresse bzw. andere Prioritäten. Sie ist der guten Atmosphäre und einem geregelten Verlauf des Hauskreises abträglich. Wenn das Treffen um 20.00 Uhr beginnt, sollte man ca. 10 Minuten vorher eintreffen, damit man noch ein paar Worte miteinander wechseln kann, bevor es losgeht. Der pünktliche Anfang erleichtert auch das pünktliche Aufhören. Bei einigen wartet der Babysitter, andere müssen am nächsten Morgen früh aufstehen. Natürlich spricht nichts dagegen, wenn einige nach dem offiziellen Ende noch ein wenig zusammenbleiben wollen. Darauf sollte der Gastgeber eingestellt sein. Doch ein pünktlicher Schluss ermöglicht es jedem, zu bleiben oder zu gehen.

3. Wir denken und reden positiv voneinander
Gemeinden sollten Orte sein, an denen einer dem anderen Flügel verleiht. Leider ist dies nicht so oft der Fall. Stattdessen wird teilweise negativ miteinander oder gar übereinander geredet. Manchmal ahnen wir gar nicht, wie sehr das der Gemeinde schadet. Das Gift, das auf diese Weise verspritzt wird, tötet das Gemeindeleben nachhaltiger als jeder Fehler, den die Leitung jemals begehen könnte.

Eine Gemeinschaft, in der wir uns angenommen und geborgen fühlen, kann nur entstehen, wenn wir uns darauf verlassen können, dass andere mit uns offen und ehrlich sind und nicht hinter unserem Rücken schlecht über uns reden. Das Grundprinzip muss lauten: Wir versuchen, bereits negative Gedanken über andere zu vermeiden. Wenn wir mit jemandem Probleme haben, überlegen wir uns zunächst (vielleicht in einem seelsorgerlichen Gespräch), inwieweit das nicht auch an uns selbst liegt. Wir versuchen, uns in Gedanken und

68

Worten am anderen nicht zu versündigen. Auf jeden Fall reden wir *mit dem anderen* statt *über ihn*.

4. Wir bringen unseren Teil in die Gruppe ein

Die Gruppenatmosphäre lebt sehr stark davon, dass jeder seinen Teil zum Ganzen beiträgt. Natürlich gibt es Menschen, die von Natur aus eher still sind, und andere, die eher etwas mehr reden. „Gernredner" achten daher darauf, dass sie nicht länger als eine Minute reden und vor ihrem nächsten Redebeitrag mindestens die Hälfte der Gruppe zum Zuge kommt. „Ungernredner" bemühen sich stattdessen, sich wenigstens zwei- oder dreimal am Abend aktiv einzubringen, und überlassen es nicht der Fantasie der Gruppe, was in ihnen wohl gerade vorgeht.

5. Wir tragen Sorge dafür, dass die anderen sich wohlfühlen können

Es ist nicht allein die Aufgabe des Gastgebers, darauf zu achten, dass die anderen sich wohlfühlen. Dazu gehört, dass wir gerade auch für die „Schwachen" in unserem Kreis einen Blick entwickeln. Viel zu oft steht bei uns die Frage im Vordergrund, ob wir selbst uns genügend wohlfühlen. Die Frage ist erlaubt, muss aber in angemessenem Verhältnis dazu stehen, dass wir in einer Kleingruppe nicht allein sind.

6. Wir sind bereit, aneinander Anteil zu nehmen

„Einer trage die Last des anderen", sagt Paulus (vgl. Galater 6,2). Doch wie können wir das, wenn wir unsere Lasten nicht mitteilen? Es gibt Dinge, die in die persönliche Seelsorge und nicht in eine Gruppe gehören. Es gibt aber auch Freuden, Sorgen und Leid, die wir miteinander teilen sollten. Es darf einfach nicht vorkommen, dass wir in unseren Kleingruppen zusammensitzen und nicht wissen, dass der andere in Not ist. So fragen wir einander am Anfang: „Hat sich in der letzten Woche bei dir etwas ergeben, das wir wissen sollten oder das du mit uns teilen möchtest?"

7. Wir sind verschwiegen

Wo man aneinander Anteil nimmt, darf man erwarten, dass die besprochenen Dinge nicht über den betreffenden Kreis hinausgetragen werden. Wir üben also nicht nur angemessenes Reden, sondern auch angemessenes Schweigen. Das gilt dort, wo persönliche Probleme angesprochen werden, und auch im Blick auf den eigenen Ehepartner, der nicht Mitglied des Hauskreises ist.

8. Wir beten füreinander

Dass wir füreinander beten, gehört zu den unauffälligen, aber wichtigsten Diensten, die wir einander tun können. Anteil aneinander zu nehmen, ohne füreinander zu beten, ist zu wenig für eine christliche Gruppe. Dabei setzen wir uns nicht unter Druck, versuchen aber, die ganze Gruppe in Treue vor Gott zu bringen. Zum Gebet füreinander gehört auch, dass wir für jedes Treffen beten, dass die gemeinsame Zeit für uns und für die anderen zum Gewinn wird.

9. Wir sind lernbereit

Eine Kleingruppe besuchen heißt, von Jesus und von den anderen Teilnehmenden lernen zu wollen. Lernbereitschaft ist eine Grundvoraussetzung der Nachfolge. Wer hingegen seine Meinung schon definitiv gebildet hat und mit einem festgefügten (auch vermeintlich „christlichen") Weltbild in den Kreis kommt, wird kaum Gewinn für sich selbst aus der

Kleingruppe ziehen und außerdem zu einem Problem für die Gruppe werden.

10. *Wir sind offen dafür, dass Gott uns verändert*

Kleingruppen sind Lebensschulen. Ziel der Kleingruppe ist es deswegen nicht, vermehrtes Wissen über den Glauben anzuhäufen, sondern ein intensiviertes Leben mit Gott und anderen Menschen zu führen. Dazu gehört nicht nur, dass wir für die Wegweisungen unseres Gottes offen sind, sondern auch, dass wir im Gespräch möglichst nahe an unserem Leben bleiben. Wir versuchen, nicht so sehr über Themen als vielmehr über uns selbst zu sprechen. Wir fragen danach, wie wir die gewonnene Erkenntnis konkret in unserem Leben umsetzen können und treffen Absprachen, wie wir das Neue einüben wollen.

11. *Wir sind verfügbar und hilfsbereit*

Das gilt sowohl für die Menschen innerhalb unseres Kreises als auch darüber hinaus. Wenn wir gebraucht werden, so sind wir zur Hilfe bereit. Wir nehmen überhaupt positiv helfend am Leben der Gemeinde teil.

12. *Wir sind eine Gemeinschaft, die Gott ehrt*

Das ist das Ziel und der Zweck des Hauskreises wie unseres gesamten Lebens: dass Gott verherrlicht wird. Das bedeutet, dass alle Gott suchen und erkennen wollen. Dass jeder versucht, die Bibel, das Wort Gottes, ernst zu nehmen und sich für gemeinsames Gebet und Lobpreis zu öffnen. Jeder wird in seiner Art des Glaubens respektiert. Wir dürfen durchaus kritisch sein und hinterfragen, sollten aber das Ziel, Gott die Ehre zu geben, nicht aus den Augen verlieren.

Ablauf der Treffen

Jedes Kleingruppentreffen verläuft nach einer bestimmten Struktur mit wiederkehrenden Elementen – Lobpreis, Gebet, Austausch, Thema etc. Im Folgenden findest du Vorschläge für den Ablauf der Abende während der 40-Tage-Aktion, aber nimm dir die Freiheit, die Elemente in ihrer Reihenfolge zu verändern, Schwerpunkte zu bilden und aus den Anregungen auszuwählen. Das macht z. B. Sinn, wenn Mitglieder der Gruppe mit Lobpreiszeiten oder offen gestalteten Gebetszeiten noch keine oder kaum Erfahrungen haben. Menschen, die noch keine klare Beziehung zu Gott haben, fühlen sich möglicherweise nicht imstande, ihn zu loben und intensiv Zwiesprache mit ihm zu halten. Was *sie* brauchen, ist eine behutsame Hinführung zum Thema „Gebet" durch (d)ein Vorbild und die Freiheit, sich zu beteiligen oder einfach nur dabei zu sein. Dabei kannst du fest mit Gottes Gegenwart und seiner Führung rechnen.

Für das erste Hauskreis-Treffen, insbesondere wenn es sich um eine neu zusammengesetzte Kleingruppe handelt, empfiehlt es sich, ausreichend Zeit für die Kennenlernphase einzuplanen. Oftmals ist die Atmosphäre auf „neutralem" Boden, in einem Gemeindesaal oder einem Restaurant, ungezwungener.

Aber auch im häuslichen Wohnzimmer kann bei einem kleinen Snack ein lockerer Austausch stattfinden, der den Teilnehmenden hilft, miteinander „warm" zu werden. Beim ersten Hauskreis-Treffen ist die Moderation und Führung besonders wichtig.

Er hat auf dich gewartet

Er hat auf dich gewartet (Winnie Schweitzer), aus Feiert Jesus 4 [1 Seite]

♩ = 68

1. Komm, schließ die Au - gen, schau Gott an.
2. Je - sus streckt die Ar - me aus

Dein Herz weiß längst, dass es das kann. Ein hei - li - ger Mo-
und ruft dir zu: „Komm doch nach Haus!" Ge-nau so, wie du

ment, denn Gott ist wirk - lich hier, sei - ne Lie - be
bist, er kennt dich ganz ge - nau, hat er dich ver -

ist ganz nah bei dir.
misst. Komm, schließ die Au - gen, schau.

Refrain

Er hat auf dich ge - war - tet, sich

Tag für Tag nach dir ge-sehnt. Er steht schon hier und

war-tet und hält Aus - schau nach dir.

Er hat auf dich gewartet (aus: Feiert Jesus! 4 / 32) | Text & Melodie: Winnie Schweitzer | © 2010 Gracetown Publishing bei SCM Hänssler, 71087 Holzgerlingen

Du bist treu

1. So vie - le lee - re Wor - te,
2. Gott, der sein Ver - spre - chen hält,
1. *So ma - ny bro - ken pro - mi - ses,*
2. *God of un - bro - ken pro - mi - ses,*

kaum ein Ver - spre - chen hält.
du stehst zu dei - nem Wort.
so ma - ny emp - ty words.
al - ways You keep Your word.

Gott der Lie - be und Treu - e, hab
Eh - re, Gna - de, Hei - lig - keit be -
God of love and faith - ful - ness, have
Glo - ry, grace and ho - li - ness for -

Gna-de mit die - ser Welt.
stehn in dir e - wig fort.
mer - cy on this world.
e - ver to en - dure.

Du bist der fes -
You nev - er turn

- te Grund, brichst nie - mals dei - nen Bund,
or change, You nev - er break the faith,

ges - tern, heu - te, in E - wig - keit.
yes - ter - day, to - day and al - ways.

Du bist treu,
Through it all

Du bist treu (aus: Feiert Jesus! 4 / 57) | Originaltitel: Through It All | Text & Melodie: Matt Redman & Jonas Myrin | Dt. Text: Dania König | © 2009
Thankyou Music/sixsteps Music/Said And Done Music / kingswaysongs.com | Für D, A, CH: SCM Hänssler, 71087 Holzgerlingen | © 2009 SHOUT! Music
Publishing | Für D, A, CH: CopyCare Deutschland, 71087 Holzgerlingen

In der Wüste

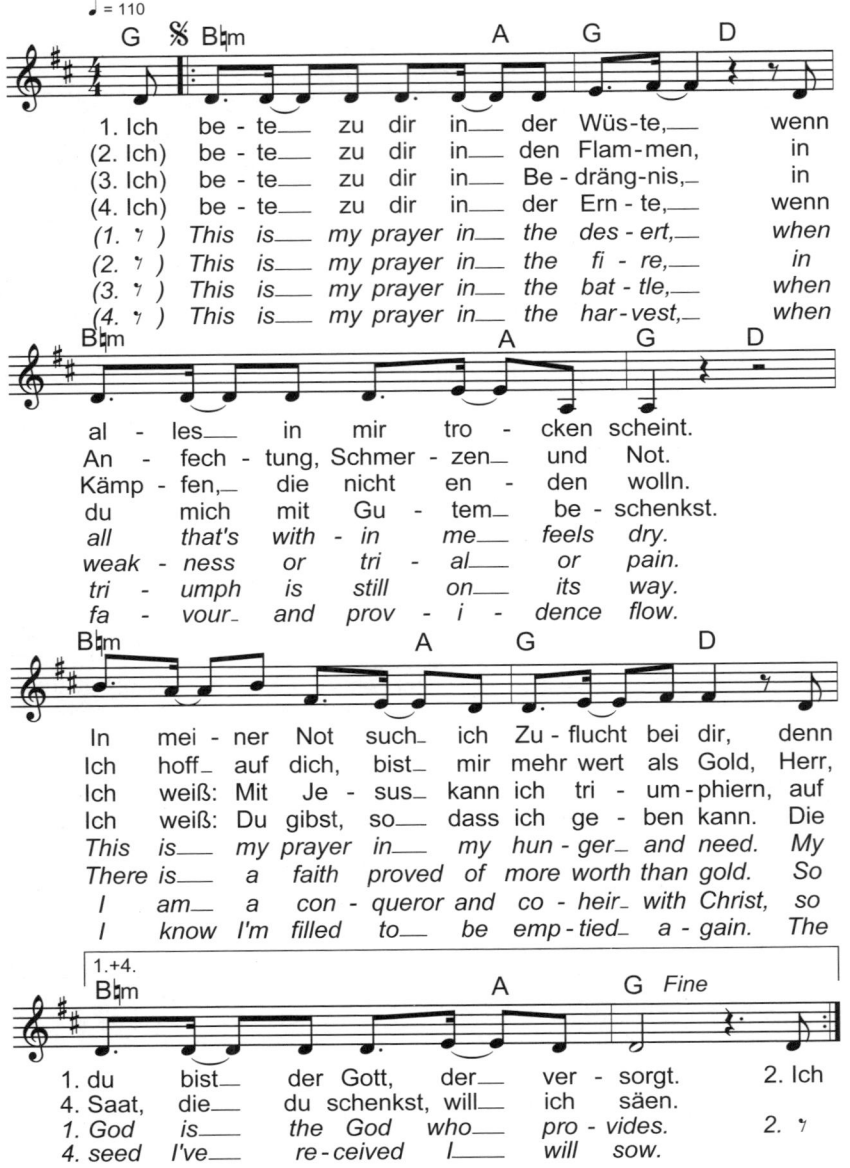

♩ = 110

G   % B♮m   A   G   D

1. Ich be - te— zu dir in— der Wüs-te,— wenn
(2. Ich) be - te— zu dir in— den Flam-men, in
(3. Ich) be - te— zu dir in— Be - dräng-nis,— in
(4. Ich) be - te— zu dir in— der Ern - te,— wenn
(1. ⸕) This is— my prayer in— the des - ert,— when
(2. ⸕) This is— my prayer in— the fi - re,— in
(3. ⸕) This is— my prayer in— the bat - tle,— when
(4. ⸕) This is— my prayer in— the har - vest,— when

B♮m   A   G   D

al - les— in mir tro - cken scheint.
An - fech - tung, Schmer - zen— und Not.
Kämp - fen,— die nicht en - den wolln.
du mich mit Gu - tem— be - schenkst.
all that's with - in me— feels dry.
weak - ness or tri - al— or pain.
tri - umph is still on— its way.
fa - vour— and prov - i - dence flow.

B♮m   A   G   D

In mei - ner Not such— ich Zu - flucht bei dir, denn
Ich hoff— auf dich, bist— mir mehr wert als Gold, Herr,
Ich weiß: Mit Je - sus— kann ich tri - um - phiern, auf
Ich weiß: Du gibst, so— dass ich ge - ben kann. Die
This is— my prayer in— my hun - ger— and need. My
There is— a faith proved of more worth than gold. So
I am— a con - queror and co - heir— with Christ, so
I know I'm filled to— be emp - tied— a - gain. The

1.+4.
B♮m   A   G *Fine*

1. du bist— der Gott, der— ver - sorgt.   2. Ich
4. Saat, die— du schenkst, will— ich säen.
1. God is— the God who— pro - vides.   2. ⸕
4. seed I've— re - ceived I— will sow.

2.+3.

B♮m · · · D · F♯ · · · · G · · Refrain · · · ‖

2. rei - ni - ge mich, mach mich neu.
3. ihn ist— Ver - lass al - le - zeit.   Ich be - te
2. re - fine— me, Lord, through the flame.
3. firm on— His prom - ise— I'll stand.   I will bring

𝄋𝄋 D · · · · · A · · · · ·

an, ich be - te an, al - les, was ge -
praise. I will bring praise. No wea - pon formed—

G · · · · · D · · A / C♯ · · ·

- gen mich ist, soll ver - gehn.— Ich will mich freun,
— a - gainst me shall re - main.— I will re - joice.—

A · · · · · B♮m · · · · ·

— ver - kün - de es laut: Gott ist mein Sieg,—
— ⸵ I will de - clare, God is my vic -

G · · D / A · A ⊕ |1.+3. B♮m A G · D.S. ‖2. B♮m

— ich kann nach vor - ne sehn. 3.+4. Ich   sehn.
- to - ry, and He is here. 3.+4. ⸵ here.

Bridge   D · · · · · · · ·

Mein—— Le - ben lang,— durch—
All—— of my life,— in—

B♮m · · · · · · · ·

— al - le Zei - ten, bleibst— du mein Gott,— da -
— ev - ery sea - son, You—— are still God.— I—

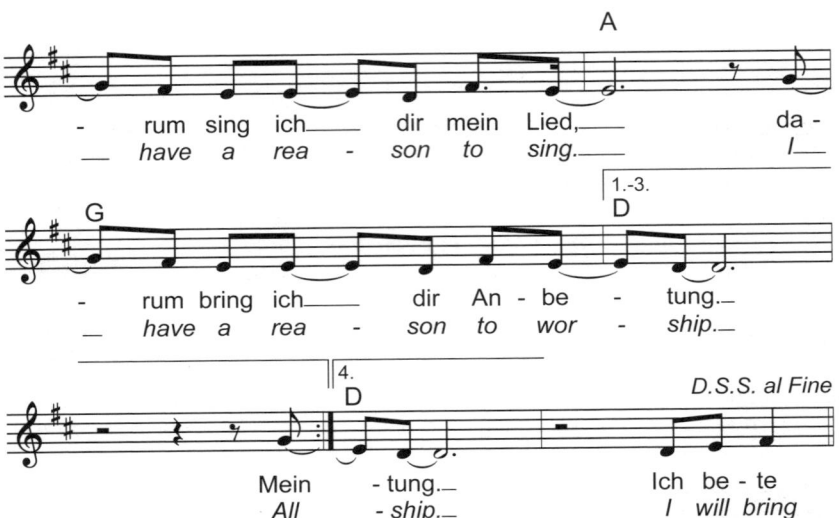

- rum sing ich___ dir mein Lied,___ da -
have a rea - son to sing.___ I___

- rum bring ich___ dir An - be - tung.__
have a rea - son to wor - ship.__

Mein - tung.__   Ich be - te
All - ship.__   I will bring

In der Wüste (aus: Feiert Jesus! 4 / 98) | Originaltitel: Desert Song | Text & Melodie: Brooke Fraser | Dt. Text: David Schnitter
© 2008 Hillsong Music Publishing | Für D, A, CH: CopyCare Deutschland, 71087 Holzgerlingen

Mit aller Kraft

1. In dei-ne Hand _____ ′ ge-be ich _ mich hin
2. Ich geh mit dir, _____ wo-hin du auch gehst. _
1. In-to your hands _____ ′ I com-mit _ a-gain
2. I'll walk with You _____ wher-e-ver You _ go. _

1. _ mit al-lem, _ was _____ ich bin, Herr. _____
2. _ In Freud und _ Leid _____ ver-trau ich _ dir.
1. _ ′ all I _ am _____ for You, Lord. _____
2. _ Through tears and _ joy, _____ I'll trust in _ You.

1. Denn du, mein Gott, _____ hältst die Welt in der _ Hand,
2. Nach dei-nem Wort _____ und _____ Wil-len will _ ich _
1. You hold my world _____ in the palm of Your _ hand.
2. And I will live _____ in _____ all of Your _ ways.

1. _ ′ und ich bin dein _ für im-mer. _____
2. _ le-ben e-wig-lich, _ mein Je-sus. _____
1. _ ′ And I am Yours _ for-e-ver. _____
2. _ And Your pro-mi-ses _ for-e-ver. _____

Refrain

Je-sus, ich _ ver-trau - e dir. _____ Je-sus, ich _ ge-hö-
Je-sus, I _ be-lieve _ in You. _____ Je-sus, I _ be-long

Mit aller Kraft (aus: Feiert Jesus! 3 / 101) | Originaltitel: With All I Am | Text & Melodie: Reuben Morgan | Dt. Text: Evie Sturm | © 2003 Hillsong Music Publishing | Für D, A, CH: CopyCare Deutschland, 71087 Holzgerlingen

79

Ich heb mein' Blick

♩ = 116

1. Ich heb mein' Blick zum Him-mels-zelt, hin, wo der Schöp-fer wohnt. Er ist es, der mein Le-ben hält, der auf den Wol-ken thront. Un-end-lich weit
(2.) Un-end-lich gnä-

— ist sei - ne Welt und doch kommt er mir nah,
- dig bist du, Gott. Nur du kommst mir so nah.

zu lie-ben ist das, was ihm ge - fällt. Er ist
Dei-ne Lie-be ist stär - ker als der Tod. Du bist

wun-der - bar!
wun-der - bar! Un-be-greif - lich bist du, Herr!

Nur du al-lein re - gierst die Welt, bist un-er-forsch-

lich wie das Meer, hast mich auf fes ten Grund ge stellt.

Un - be - greif - lich bist du, Herr, du Kö - nig auf
dem Him - mels - thron. Als dein Kind dank ich dir da - für.

2. Ich heb mein' Blick zum Kreuz hi - nauf,
wo er sein Le - ben gab. Aus Lie - be nahm er's
selbst in Kauf, dass er für mei - ne Frei - heit starb.
Die E - wig - keit ist das, was zählt, und nicht, was ver - gäng - lich
ist. Du hast mir Le - ben in mein Herz ge - sät,
bist mei - ne Ret - tung und mein Licht.
Un - be - greif - lich, un - er - forsch - lich, un - end - lich gnä - dig bist

— du, Herr,— mein Gott!—— Un-be-greif-lich, un-er-forsch-lich,

dei-ne Lie-be ist stär - ker als— der Tod!— Un-be-greif-lich,

un-er-forsch-lich, un-end-lich gnä-dig bist— du, Herr,— mein Gott!

— Als dein Kind dank—ich dir— da-für,——

als dein Kind dank— ich dir— da für.——

Ich heb mein Blick (aus: Feiert Jesus! 4 / 75) | Text: Johannes Falk | Melodie: Dee Rosario & Johannes Falk
© 2007 SCM Hänssler, 71087 Holzgerlingen

Jeden Tag

1. Du, mein Gott, _ gibst mir   Le-ben und _ ich kann es kaum,
1. What to say, _ Lord? It's   You who gave _ me life and I _

___ kaum er-klärn, _ was du, _   was du mir _ be-deu-test.
___ can't ex-plain _ just how _   much You mean _ to me _ now

γ Ich schenk dir ___ mein Herz,   γ du hast mich
that You have saved _ me, Lord.   I give all that

_ ge-ret - tet, Herr. _   Und je-den Tag _   soll dein
_ I am _ to You, _   that ev-'ry-day _   I can

Le-ben in ___ mir sicht-bar _ sein.
be a light _ that shines Your _ name.

2. Je-den Tag _ lern ich   dei-nen Wor-
2. Ev-'ry-day _ Lord, I'll   learn to stand

- ten zu _ ver-traun. _   Mein Ge-bet ___ ist, dein _
_ up-on _ Your word, _   and I pray _ that I, _

den Tag für dich. Ich le-be je-den Tag
for, ev-'ry day, it's You I live for, ev-

für dich, mein Gott.
'ry day, my Lord.

Jeden Tag (aus: Feiert Jesus! 3 / 171) | Originaltitel: Everyday | Text & Melodie: Joel Houston | Dt. Text: Arne Kopfermann
© 1999 Hillsong Music Publishing | Für D, A, CH: CopyCare Deutschland, 71087 Holzgerlingen

Gemeinsam 40 Tage Kraft tanken

„Wer den Alltag meistert, ist ein Held."

Fjodor Dostojewski

Gemeinsam den Alltag meistern. Den Glauben im Alltag leben. Dafür ist Gemeinde da. Oder wie Martin Luther es ausdrückt: „Damit niemand allein gegen den Teufel stehen muss, darum hat Gott die Gemeinde gegeben."

Mit der Aktion „40 Tage Kraft tanken" können Sie gemeinsam mit Ihrer ganzen Gemeinde Kraftquellen für den Alltag erschließen.

Die Gemeindeaktion „40 Tage Kraft tanken", das sind ...

Sechs inspirierende und liebevoll geplante Gottesdienste, zu denen Sie auch Ihre Freunde und Bekannten einladen können, denn wer sehnt sich in der hektischen, kraftzehrenden Zeit heute nicht nach neuen Kraftquellen? In jedem Gottesdienst wird in das Thema der Woche eingeführt.

Sechs besondere Kleingruppenabende. Viele Menschen – gerade auch Suchende und Kirchendistanzierte – lassen sich gerne auf eine „Gemeinschaft auf Zeit" ein. Öffnen Sie für sechs Wochen Ihre Kleingruppen und Hauskreise – oder gründen Sie neue – und diskutieren Sie gemeinsam über die Inhalte dieses Buches. Nicht selten hat sich die Anzahl der Kleingruppen in einer Gemeinde nach einer „40-Tage-Aktion" um 50 Prozent erhöht.

40 intensive Tage, in denen sich die ganze Gemeinde, von Klein bis Groß, gemeinsam mit Mose beschäftigt und von ihm lernt, wie sich der Sonntagsglaube in den Alltag tragen lässt. Dieses Gemeinschaftserlebnis macht das Besondere der „40-Tage-Aktionen" aus. Am Essenstisch oder beim Bäcker spricht man auf einmal über Mose.

Ein Thema: Wie können wir in einer Zeit des chronischen Energiemangels Kraftquellen erschließen, die uns durch den Alltag tragen? Wie kann man den Glauben ganz praktisch leben?

Als teilnehmende Gemeinde erhalten Sie umfangreiche Materialien für die Planung und Gestaltung der Aktion (Predigtentwürfe, Theaterstücke, Liedvorschläge, Kleingruppenmaterial, Kinder- und Jugendstunden, Werbematerial, u.v.m.).

Interessiert? Unter **www.kirchemitvision.de** finden Sie weitere Informationen rund um die Kampagne „ÜberLeben – 40 Tage Kraft tanken" und die Möglichkeit, Ihre Gemeinde anzumelden. Oder schenken Sie Ihrem Pastor einfach ein Exemplar dieses Buches und gewinnen Sie ihn für die Idee, gemeinsam die Aktion „ÜberLeben – 40 Tage Kraft tanken" in Ihrer Gemeinde durchzuführen.

„Die ‚40-Tage-Kampagnen' haben in unserer Gemeinde wirklich eingeschlagen. Die Kombination aus Buchlektüre, Kleingruppen, Gottesdienst und einigen weiteren Highlights hat für einen nachhaltigen Effekt gesorgt."
(Erhard Schilling, Pastor)

www.kirchemitvision.de

Notizen

Elke Werner, Klaus-Günter Pache

ÜberLeben
Kraftquellen für den Glauben im Alltag

Wie können wir in einer Zeit des chronischen Energiemangels Kraftquellen erschließen, die uns durch den hektischen Alltag tragen?
Mit Mose als Reisebegleiter entdecken wir die wahre Quelle der Kraft – Gott.
Das Andachtsbuch zur neuen Kampagne „ÜberLeben – 40 Tage Kraft tanken"!

208 Seiten

Sarah K. Merz, Tobias Schöll

Hallo Alltag!
40 Briefe mit Überlebenstipps

Die jugendliche Variante des Andachtsbuches „ÜberLeben": Die 40 Andachten in Briefform lassen sich leicht lesen. Sie wollen dafür begeistern, ganze Sache mit Gott zu machen. Konkrete und teils ungewöhnliche Anregungen zur Umsetzung runden die einzelnen Einheiten ab.

176 Seiten

Simon Schild

Tobi und die Geschichtenschlüpfmaschine

Tobi hat Asthma und wird zu seinen Großeltern ans Meer geschickt, wo er wieder zu Kräften kommen soll. Dort entdeckt er nicht nur die spannenden Maschinen seines Erfinder-Opas, sondern reist auch mit der Geschichtenschlüpfmaschine ins alte Ägypten und begleitet Mose.
Ein spannendes Abenteuer der Kampagne „ÜberLeben – 40 Tage Kraft Tanken" für Kinder ab 8 Jahren.

192 Seiten

SCM R.Brockhaus

Elke Werner, Klaus-Günter Pache

ÜberLeben

Kraftquellen für den Glauben im Alltag

Wie können wir in einer Zeit des chronischen Energiemangels Kraftquellen erschließen, die uns durch den rasenden Alltag tragen? Wer keine Zeit zum Lesen findet, kann die 40 Andachten des Buches von Elke Werner und Klaus-Günter Pache auch hörend erleben – im Auto, beim Bügeln oder auf der Wohnzimmercouch.

5 CDs
Nr. 226.499

SCM R.Brockhaus

Jesus, ich vertraue dir
12 Lieder zum Krafttanken

Das Thema des Andachtsbuches „ÜberLeben" greifen auch die 12 Lieder dieses Lobpreis-Samplers auf. So kann man die Inhalte noch auf andere Weise vertiefen. Mit Songs von Florence Joy, Andreas Volz, Johannes Falk u. a.

CD
Nr. 226.508

SCM R.Brockhaus

Darf's ein bisschen Kraft sein?
40 stärkende Zitate für den Alltag

Das attraktive Aufstellbuch erinnert mit seinen inspirierenden Zitaten
bekannter Persönlichkeiten und herausfordernden Bibelversen an die wahre
Quelle der Kraft und hilft dabei, sich im Alltag auf Gott auszurichten.
Die 40 Sprüche korrespondieren mit dem Gedanken des Tages im Andachtsbuch „ÜberLeben". Doch auch Menschen, die das Buch nicht gelesen haben,
werden Ermutigung und Stärkung erfahren.

Spiralbindung, 13,5 x 11,5 cm, 40 Seiten
Nr. 226.509

SCM R.Brockhaus